천국비유설교

천국은 마치…

배 굉 호 지음

도서출판 **영문**

The kingdom of heaven is like

By
Rev. Goeng-ho Bae (Th.D)

2003
Young Moon Publishing Co.,
Seoul, Korea

머리말

할렐루야!

우리의 영원한 구원이 되시는 주 예수님은 이 세상에 계실 때 그의 사랑하시는 백성들에게 누구나 쉽게 이해하고 알아들을 수 있도록 비유로 가르쳐 주셨습니다. 특별히 주님은 마태복음 13장에서 우리의 영원한 거처요 소망인 천국에 대한 비유를 말씀해 주셨습니다. '천국은 마치 (The kingdom of heaven is like…)와 같다.' 씨 뿌리는 비유, 가라지 비유, 겨자씨 비유, 누룩 비유, 감추인 보화 비유, 진주를 구하는 사람의 비유, 물고기를 삽는 그불 비유들을 통해 천국에 대해 아주 쉽게 가르쳐 주셨습니다.

우리의 궁극적인 목표는 하나님의 완전한 통치가 이루어지는 천국입니다. 매일의 생활 속에서 우리는 천국을 목표로 하면서 살아야겠습니다. 교회를 섬기는 봉사에서나 이웃을 섬기는 삶 속에서나 우리는 천국을 바라보아야 합니다. 우리의 일터에서도 역시 천국에 초점을 맞춰야 합니다. 그리고 이 천국이 우리의 삶 속에서 구체화되어야 합니다. 또한 천국을 모르는 사람들에게 우리가 믿고 소유한 천국의 기쁨과 소망을 전해주어야 합니다.

이 책을 통해 우리의 천국을 향한 신앙과 소망이 더욱 더 진보하며 성장하는 기회가 되기를 기도합니다.

이 책을 출간하는 일에 수고하며 협조하신 모든 분들께 감사드리며, 특히 김상수 강도사님과 공혜숙 전도사님, 그리고 출판위원회 위원장과 모든 위원들에게 하나님의 위로가 넘치기를 기원합니다.

이 책의 모든 수익금은 전액 교회 확장에 헌금으로 드려질 것입니다.

모든 영광 오직 주님께!

2003년 4월 20일
죽음의 권세를 이기시고 다시 사신 우리 주님의
부활절을 앞두고

남천교회에서
배굉호 드림

차례

머리말 • 3

1. 당신의 밭은 어떠한가?(마태복음 13:1-9) • 7
2. 씨를 뿌리는 자(마태복음 13:3-9) • 31
3. 가라지와 알곡(마태복음 13:24-30) • 57
4. 천국과 겨자씨(마태복음 13:31-32) • 81
5. 천국과 누룩(마태복음 13:33) • 105
6. 천국과 감추인 보화(마태복음 13:44) • 129
7. 천국과 진주장사(마태복음 13:45-46) • 155
8. 천국과 그물 비유(마태복음 13:47-50) • 179

당신의 밭은 어떠한가?

그 날에 예수께서 집에서 나가사 바닷가에 앉으시매 큰 무리가 그에게로 모여 들거늘 예수께서 배에 올라가 앉으시고 온 무리는 해변에 섰더니 예수께서 비유로 여러가지를 저희에게 말씀하여 가라사대 씨를 뿌리는 자가 뿌리러 나가서 뿌릴새 더러는 길 가에 떨어지매 새들이 와서 먹어버렸고 더러는 흙이 얇은 돌밭에 떨어지매 흙이 깊지 아니하므로 곧 싹이 나오나 해가 돋은 후에 타져서 뿌리가 없으므로 말랐고 더러는 가시 떨기 위에 떨어지매 가시가 자라서 기운을 막았고 더러는 좋은 땅에 떨어지매 혹 백 배, 혹 육십 배, 혹 삼십 배의 결실을 하였느니라 귀 있는 자는 들으라 하시니라

(마태복음 13:1-9)

당신의 밭은 어떠한가?

씨를 뿌리는 농부는 오직 한 가지 목적을 가지고 있습니다. 그것은 열매를 추수하는 것입니다. 그런데 뿌린 씨앗이 다 열매로 나타나지는 않습니다. 열매 맺는 확률은 4분의 1입니다. 문제는 밭이 좋아야 합니다. 씨를 뿌린 밭이 어떤 밭인가에 따라서 그 열매가 달라집니다.

오늘 본문에는 네 가지 밭이 나타납니다. 길가 밭, 돌짝 밭, 가시 밭, 그리고 옥토 밭입니다. 농부는 씨앗을 뿌리는 예수님을 상징하고 말씀을 뿌리는 전도자를 나타냅니다. 씨앗은 당연히 말씀, 즉 복음입니다. 그러면 밭은 무엇입니까? 밭은 우리 사람의 마음입니다.

그러면 우리의 밭은 어떠합니까? 우리의 밭의 상태에 따라서 열매가 달라집니다. 밭을 진단하는 것은 중요합니다. 즉 우리의 마음의 상태가 어떠한가를 점검해야 합니다.

나의 밭은 어떠합니까? 당신의 밭은 어떠합니까?

1. 길가 밭이 있습니다.

"뿌릴 새 더러는 길가에 떨어지매 새들이 와서 먹어 버렸고"(마태복음 13:4).

길가 밭에 뿌린 씨를 새가 날아와서 쪼아먹었습니다. 왜 그렇습니까? 길은 사람들이 많이 다니기 때문에 아주 단단하고 굳어져 있습니다. 즉 길가 밭은 닫혀진 마음이요 굳은 마음이요, 고집스런 마음이요, 교만한 마음입니다. 길가의 결정적인 특징은 마음이 굳어져 새로운 씨앗이 자신의 내부에 뿌리내려 심어질 가능성이 전혀 없다는 것입니다. 이것은 결국 인간의 영혼이 복음, 즉 진리를 아예 처음부터 철저히 배격하고 거부하는 것을 말합니다.

왜 거부합니까?

1) 자기 자신의 경험이나 학식을 최고로 생각하고 그것만을 고집하는 교만과 독선 때문입니다.

즉, 자신의 경험을 우상화하는 것입니다. 남자에게 속은 경험이 있는 여자는 세상 남자는 다 믿지 못하겠다고 말합니다. 그러나 세상에는 믿을 수 있는 좋은 남자들이 많습니다. 여자에게 당해 본 경험이 있는 남자는 세상 여자들은 다 믿지 못하겠다고 합니다. 그러나 세상에는 믿을 수 있는 아름다운 여성들이 많습니다. 이런 생각들은 다 잘못된 생각들입니다.

그런데 이상한 것은 산부인과 의사는 남자로서 전혀 아이를 낳아본 경험이 없습니다. 그런데 아이를 낳아본 경험이 있는 여자들이 그 의사를 찾아갑니다.

코끼리를 본 소경의 말이 다 다릅니다. 한 소경은 코끼리는 벽과 같다고 합니다. 왜냐하면 그 사람은 코끼리 몸집만 만져 보았기 때문입니다. 다른 소경은 코끼리는 기둥과 같다고 합니다. 그 사람은 코끼리의 다리만 만져 보았기 때문입니다. 또 다른 소경은 코끼리는 뿔과 같다고 합니다. 그 사람은 코끼리의 뿔만 만져 보았기 때문입니다.

사람은 자기의 고집에 빠져 마음이 단단해져 버리면 하나님의 말씀도 믿지 못합니다. 하나님의 말씀을 받아들이지 않습니다. 이런 마음이 길가 밭입니다.

예수님이 탄생하실 때 동방박사들이 별을 보고 예수님께 경배하러 먼 나라에서 예루살렘까지 찾아왔습니다. 그런데 그들을 인도하던 별이 사라지자 헤롯왕을 찾아가서 유대인의 왕이 탄생했는데 우리가 경배하러 왔으니 그 장소를 가르쳐 달라고 했습니다. 헤롯왕과 서기관, 바리새인, 그리고 제사장은 왕이 있는데 또 새 왕이 났다하자 깜짝 놀랐습니다. 아마 당사자인 헤롯왕은 심장마비가 일어날 정도로 놀랐을 것입니다. 그래서 서기관들이 성경을 찾아 예수는 베들레헴에서 태어난다는 예언을 알아내었습니다. 그런데 동방박사들은 감사하고 기뻐하면서 예수님을 만나러 갔으나 다른 사람들은 아무도 따라가지 않았습니다. 왜 그렇습니까? 그것은 그들의 마음이 이미 굳어 있었기 때문입니다. 이 마음이 바로 길가 밭입니다. 그들은 하나님의 말씀을 듣기는 들어도 깨닫지 못했습니다.

2) 무관심과 습관화가 마음을 굳게 합니다.

이 땅에서의 삶과 이 세상의 것이 너무 좋고, 이 세상의 것이 삶의 모든 것이 되어 버린 사람들은 아무리 영생을 말하고 복음의 중요성을 이야기해도 듣지 않습니다. 그들은 아예 영생에 대해서는 무관심한 상태에 있습니다. 오늘날은 세상의 것이 너무 재미있고 좋아서 하나님의 말씀이 전혀 귀에 들어오지 않는 사람들이 많습니다.

교회에 다니는 사람들 중에도 아예 습관적으로 교회에 나오는 사람이 있습니다. 주일이 되면 시계추처럼 왔다갔다만 하고, 하나님의 말씀은 귀에 들어오지 않는다면 이것은 신앙 문화화된 성도라고 할 수밖에 없습니다. 신앙생활이 습관적으로 문화화된 것입니다. 여기에는 생명의 역사가 나타나지 않습니다. 아무런 뜻도 없고 생각도 감동도 없이 왔다가 간다면 이것은 반질반질하여 굳어진 길가 밭과 같습니다.

3) 길가 밭에 뿌려진 씨앗은 공중의 새가 와서 먹어 버립니다.

공중의 새는 공중의 권세를 잡은 악한 자, 즉 마귀를 말합니다. 마귀는 하나님의 말씀을 받아들이지 않고 그대로 방치해 두는 것을 놓치지 않습니다. 재빨리 빼앗아 가버립니다.

믿음이 없으면 하나님의 말씀을 빼앗겨 버립니다. 그리고 마귀는 말씀대신 다른 것을 줍니다. 그것은 게으른 생각, 냉정한 마음, 이기심, 비난, 불평, 원망 등입니다. 이런 마음을 가진 자는 생명의 말씀을 받아들이지 못합니다. 믿음이 없으면 듣기는 들어도 듣지 못하고 보기는 보아도 보지 못합니다.

전도를 해 보면 예전에 교회에 다녀 본 경험이 있다는 사람들이 있습니다. 교회에 대해서 조그만 지식도 있고 경험을 가진 사람들입니다. 성경에 대해서도 조그만 지식을 가지고 있습니다. 그런데 그 조금 아는 것으로 오히려 핍박하고 방해합니다. 이것이 바로 길가의 마음입니다.

오래 전, 제가 군에 입대했을 때 내무 반장이 교회에 다니는 사람들을 아주 괴롭혔습니다. 줄을 세워 놓고 "주기도문 해봐. 사도신경 아는가? 십계명 외워 봐." 여러 가지 질문을 하고 돌팔이를 가려내어서는 교회에 보내주지 않고 핍박을 했습니다. 알고 보니 그는 장로님의 아들이었는데 현재는 타락해서 교회에 출석하지 않는 상태였습니다. 어릴 때 교회에 간 적이 있기 때문에 자기가 아는 지식을 가지고 오히려 핍박을 하는 것이었습니다. 나중에 훈련을 다 마치고 떠날 때 그 사람에게 예수 믿고 교회에 다니라고 했습니다. 바로 길가 밭과 같은 마음입니다.

2. 돌짝 밭이 있습니다.

"더러는 흙이 얇은 돌밭에 떨어지매 흙이 깊지 아니하므로 곧 싹이 나오나"(마태복음 13:5).

이스라엘에는 바위 덩어리 위에 흙이 조금씩 덮여 있습니다. 그 위에 씨앗이 떨어지면 싹이 조금 나오는 것 같으나 뿌리가 깊이 내리지 못하므로 햇볕에 타서 죽고 맙니다.

1) 깊이가 없는 밭입니다.

① 감정적이고 즉흥적인 신앙을 보여줍니다.
말씀을 들을 때는 고개를 끄떡 끄떡 하고 은혜를 받는 듯합니다. 때로는 흥분도 하고 감격도 하고 감사도 합니다. 그런데 깊이가 없습니다. 반짝하는 신앙입니다.

② 더 성장할 수 있고 더 뻗어나갈 수도 있는데 중간에 정지해 버립니다.
신앙은 계속 자라야 합니다. 그런데 더 이상 자라지 못합니다.

③ 물론 일시적인 기쁨도 있습니다.
죄 사함을 받았다는 기쁨도 있습니다. 그러나 그것은 순간입니다. 문제는 열매가 없습니다.

우리가 죄 사함을 받았다면 그 열매가 무엇입니까? 다시는 죄를 짓지 않고 죄의 길에서 돌아서야 합니다. 남의 죄를 용서해 주어야 합니다. 그런데 계속 옛 사람이 살아나고 남의 죄를 용서하지 못합니다. 죄에 대한 깊은 눈물도 없습니다. 말씀에 대한 확신도 없습니다. 이것은 돌짝 밭과 같습니다.

④ 축복도 받았습니다.

예수를 믿고 축복 받아 사업도 잘되고 가정에 행복이 있고 자녀들도 공부를 잘하고 온 식구가 다 건강합니다. 그런데 열매가 없습니다. 무슨 열매를 말합니까? 우리가 하나님의 축복을 받았다면 그 축복을 가지고 무엇을 합니까? 그것이 바로 열매입니다.

물질의 축복을 받았습니다. 그러면 그것을 가지고 무슨 열매를 맺습니까? 지식의 축복을 받았습니다. 그러면 그것을 가지고 무슨 열매를 맺습니까? 좋은 환경의 축복을 받았습니다. 그러면 그것을 가지고 무슨 열매를 맺습니까? 건강의 축복을 받았습니다. 그러면 그것을 가지고 무슨 열매를 맺습니까? 높은 지위의 축복을 받았습니다. 그러면 그것을 가지고 무슨 열매를 맺습니까? 명예의 축복을 받았습니다. 그러면 그것을 가지고 무슨 열매를 맺습니까? 재능의 축복을 받았습니다. 그러면 그것을 가지고 무슨 열매를 맺습니까? 축복 받은 자에게는 사명이 따라오게 마련입니다. 축복을 받는 것에만 관심이 있고 축복 받은 자의 사명에는 관심이 없다면 이것은 잘못된 것입니다. 열매맺지 못하는 것은 돌짝 밭입니다.

2) 핍박을 이기지 못하는 믿음입니다.

돌짝 밭에 뿌려진 씨앗은 햇볕이 내리쬐고 바위가 열에 달

귀져 뜨거워질 때 그것을 이기지 못하고 죽고 맙니다. 돌짝 밭의 믿음은 평소에는 잘 모릅니다. 환난이나 핍박의 바람이 불고 풍랑이 일어날 때 나타납니다. 역경이 올 때 참 신앙이 나타납니다.

사실 우리 인간은 환경에 많은 영향을 받습니다. 환경을 결코 무시할 수 없습니다. 그래서 많은 사람들이 환경을 말합니다. "나에게 좋은 환경만 준다면 잘 할 수 있을 것이다. 환경만 좋았더라면 성공했을 것이다. 환경만 좋았더라면 부모에게 효도를 잘 했을 것이다. 환경만 좋았더라면 공부도 더 잘 했을 것이다. 환경만 좋았더라면 신앙생활도 더 잘 했을 것이다." 다 일리가 있는 말들입니다.

심리학자의 말에 의하면 사람은 "being"이냐? "become이냐?", 즉 "being-존재하는 것이냐?" 아니면 "become-되어진 것이냐?"입니다. 'being'은 생명이며, 'become'은 환경입니다.

그래서 환경만 좋으면 다 잘될 것 같고, 다 착한 사람이 될 것 같고, 모두 선을 행할 것 같다고 생각합니다. 그리고 환경만 좋으면 신앙생활도 잘할 것 같은 생각이 듭니다. 사실 그렇습니까? 그러나 모두가 다 그런 것이 아닙니다. 역사적으로 볼 때 평화의 시대, 태평성대가 시작되니 나라가 부패하고 신앙도 쇠약해졌습니다. 바벨론이 영화의 극치를 누릴 때 타락하기 시작했고 결국 멸망하고 말았습니다. 로마제국 역시 그랬습니다. 중세기에 신앙의 자유가 보장되었을 때 교회는 부패하기 시작습니다. 교회가 부패하게 되자 종교개혁이 일어나게 되었습니다.

우리 주위에서도 흔히 볼 수 있습니다. 어려움이 올 때에는 하나님 앞에 엎드려 기도하고 교회에도 열심히 나옵니다. 그런데 그 어려움이 해결되고 자유가 주어지면 오히려 신앙은 나태해지고 점점 교회를 멀리하게 됩니다. 고등학교 때까지는 교회에 잘 나오고, 열심히 기도하고, 신앙생활을 잘 하다가 대학에 들어가면 신앙생활을 잘하지 못하고 멀리 하는 사람도 우리 주위에는 많습니다. 가정이 경제적으로 어려움을 당할 때에는 부부가 열심히 기도하고 하나님 앞에 매달리다가, 하나님의 축복으로 문제가 해결되고 물질의 축복도 받고 여유가 있으면 교회를 멀리하고 기도생활도 하지 않습니다. 가난하고 고생하던 시절에는 부부가 서로 의지하고 기도하며 신앙생활을 열심히 하던 사람들이, 생활이 부유해지고 윤택해지니 믿음의 길에서 떠나고 가정에 파탄이 생기는 경우도 종종 볼 수 있습니다.

참 신앙은 환난의 바람이 불어올 때 오히려 하나님을 더 의지하는 신앙의 역사가 일어납니다. 환난의 바람은 오히려 교회를 정화시키고 새롭게 변화시키고 더욱 더 단단하게 만들었습니다. 쭉정이는 다 날아가고 알곡만 남아 교회의 순결과 정통을 지켰습니다.

돌짝 밭은 거듭나지 않은 신앙상태입니다. 그러므로 인내할 줄 모릅니다. 환난이 올 때 너무도 쉽게 무너지고 맙니다.

① 뿌리가 깊지 못합니다.
뿌리는 눈에 잘 나타나지 않습니다. 감추어져 있습니다. 하나님과 나와의 관계도 숨겨져 있습니다. 그런데 환난의 때에는 나타납니다.

교회 직분을 받을 때 감사하면서 충성하겠다고 다짐합니다. 그런데 조금 기분이 상하거나 나와 뜻이 맞지 않는 일이 있으면 아예 말도 하지 않고 뒷짐지고 불평만 합니다. 이것은 감정적인 신자요, 일시적인 신자요, 바로 돌짝 밭과 같은 신자입니다. 어떤 분은 올해 1년은 책임졌으니까 마지못해 하고 다시는 하지 않을 것이라고 합니다. 이것도 잘못된 것입니다. 교회 일은 1년만 하고 그만 두는 것이 아닙니다. 평생 동안 하는 것입니다. 하늘 나라에 갈 때까지 계속하는 것입니다. 하나님의 일은 억지로 하는 것이 아닙니다. 일시적인 감정으로 하는 것도 아닙니다. 주 예수의 사랑에 감격하여 주님의 은혜에 감사해서 하는 것입니다.

그러므로 핍박이 있으면 오히려 믿음이 굳게 서게 됩니다. 환난과 시련이 닥치거나 환경이 좋지 않을 때 오히려 신앙은 더 굳게 서게 됩니다. 왜냐하면 씨앗은 생명이 있기 때문입니다. "become"이 아니라 "being"입니다. 환경적이고 후천적인 것이 아니라 존재하는 것입니다.

어떤 가정의 남편이 예수 믿는 부인을 심하게 핍박했습니다. 심지어 구타까지 했습니다. 이혼하겠다며 위협을 하고 드디어 바람까지 피우기 시작했습니다. 남편의 주장은 "예수 믿으면 이혼한다."는 것이었습니다. 너무 괴롭고 마음이 흔들렸습니다. 그러나 부인은 예수를 믿고 은혜 생활을 계속해 왔으며 세례까지 받았습니다. "부인은 신앙생활을 계속하지 않고는 못 살겠다."는 결심을 했습니다. 부인은 가능하면 이혼을 하지 않고 남편이 회개하고 돌아오기를 기다리며 참았지만 남편이 다른 살림을 차리고 예수 믿는다는 핑계로 핍박을 하자, "나는 신앙만은 양보할 없다."며 결심을 하고 이혼에 동의했습니다.

성도 여러분, 참 신앙은 환난과 어려움 속에서도 끝까지 하나님을 믿고 의지하고 나아가는 것입니다. 성경은 말씀합니다. "그러므로 너희가 이제 여러 가지 시험을 인하여 잠깐 근심하게 되지 않을 수 없었으나 오히려 크게 기뻐하도다 너희 믿음의 시련이 불로 연단하여도 없어질 금보다 더 귀하여 예수 그리스도의 나타나실 때에 칭찬과 영광과 존귀를 얻게 하려 함이라"(베드로전서 1:6-7).

성도 여러분, 우리는 생명의 복음을 가진 사람들입니다. 우리에게 어떤 어려움과 시험과 환난이 올 때, 돌짝 밭의 사람들처럼 포기하고 배반하고 넘어지지 맙시다. 우리 속에 있는 생명의 복음을 가지고 버텨서 이겨내는 성도가 됩시다.

3. 가시떨기 밭의 마음이 있습니다.

"더러는 가시떨기 위에 떨어지매 가시가 자라서 기운을 막았고"(마태복음 13:7).

팔레스틴에는 약 200여 종류의 가시떨기 나무가 있다고 합니다. '기운을 막았다' 는 말은 숨을 질식시키는 것을 말합니다. 길가 밭과 돌짝 밭은 주로 밭 내부가 문제였으나, 가시 밭은 외부가 문제입니다. 앞의 경우는 근본적으로 마음 밭이 문제였지만, 가시 밭은 마음 밭 자체는 쓸만하나 그 마음 밭에 영적 성장에 장애가 될만한 부정적인 씨앗이 너무 많은 것이 문제입니다.

열매를 맺는 좋은 밭이 되기 위해서는 근본적으로 마음 밭, 즉 내부가 좋아야 합니다. 동시에 외적으로 각종 신앙적 장애를 극복해 나갈 수 있는 기운 찬 영적 생명력과 진취성이 있어야 합니다.

가시 밭 역시 열매를 맺지 못하는 밭입니다. 토양은 좋고 뿌리도 잘 내립니다. 그런데 가시나무도 같이 자라는데 가시는 곡식보다 훨씬 더 빠른 속도로 크게 성장합니다. 이 밭에서는 다른 잡초와 함께 자랄 때 영양분을 다 빼앗기고 가시에 찔리게 됩니다. 결국 열매를 맺지 못하고 맙니다. 이것은 잎도 무성하고 줄기도 있는데 문제는 열매가 없습니다.

1) 이 세상 염려와 걱정이 방해합니다.

세상에는 걱정과 염려가 너무 많습니다.
심리학자는 말하기를 우리가 하는 걱정 중에 50%는 전혀 근거 없는 것이라고 합니다. 40%는 제대로 모르고 하는 걱정, 즉 걱정이 있을지 없을지 모르는 걱정입니다. 10%는 걱정거리라고 합니다. 그러나 이마저도 꼭 걱정이 있다는 것은 아니라고 합니다.

걱정이 많은 성도는 신앙이 자라지 않습니다. 교회에 나와도 걱정 염려를 그대로 가지고 있습니다. 사업, 자녀, 결혼, 직장 문제로 고민하고 걱정합니다. 그런데 걱정은 아무런 소용이 없습니다. 걱정 근심하는 마음은 아무런 열매가 없습니다.

키가 작다고 걱정해봐야 더 크지 않습니다. 머리가 희어진다고 아무리 걱정해봐야 검은머리로 변하지 않습니다.

우리 예수님은 산상 설교에서 말씀하셨습니다. "그러므로 내가 너희에게 이르노니 목숨을 위하여 무엇을 먹을까 무엇을 마실까 몸을 위하여 무엇을 입을까 염려하지 말라 목숨이 음식보다 중하지 아니하며 몸이 의복보다 중하지 아니하냐 공중의 새를 보라 심지도 않고 거두지도 않고 창고에 모아 들이지도 아니하되 너희 천부께서 기르시나니 너희는 이것들보다 귀하지 아니하냐 너희 중에 누가 염려함으로 그 키를 한 자나 더할 수 있느냐"(마태복음 6:25-27).

사도 바울은 권면합니다. "아무것도 염려하지 말고 오직 모든 일에 기도와 간구로 너희 구할 것을 감사함으로 하나님께 아뢰라 그리하면 모든 지각에 뛰어난 하나님의 평강이 그리스도 예수 안에서 너희 마음과 생각을 지키시리라"(빌립보서 4:6-7).

2) 재리의 유혹 때문에 열매를 맺지 못합니다.

"더러는 가시떨기 위에 떨어지매 가시가 자라서 기운을 막았고"(마태복음 13:7).

돈의 위력은 대단합니다. 많은 사람들이 돈만 있으면 모든 것이 가능하다고 생각합니다. 그래서 이 세상을 물질 만능주의라고 합니다. 그런데 돈에 대한 지나친 애착심과 욕심은 열매를 맺지 못하게 하는 가시 밭입니다.

교회에 나오는 것도 부자가 되기 위해서 나온다면 잘못된 것입니다. 복을 받기 위해서만 교회에 나온다면 잘못된 것입니다. 교회에 나오는 가장 큰 목적은, 우리가 새 생명을 받고 죄 용서함 얻고 구원받아 천국가게 된 것에 감사하여 주님께 경배드리기 위해서입니다. 그리고 주님의 말씀을 듣고 배우고 예수 그리스도를 닮아가기 위해서입니다.

돈 때문에 넘어지는 사람이 많습니다. 가룟 유다는 은 30 때문에 예수님을 팔았습니다. 아간은 탐심 때문에 하나님의 말씀을 어기고 도적질하다가 패가망신했습니다. 에서는 팥죽 한 그릇 때문에 장자권을 팔아버렸습니다. 부자 청년은 많은 재물 때문에 영생을 놓치고 말았습니다. 아나니아와 삽비라 부부 역시 돈과 명예의 탐심 때문에 성령을 속이다가 심판받고 말았습니다.

어느 목사님이 자칭 부자라고 자랑했습니다. 세무서에서 세무조사를 실시했습니다. "재산이 어느 정도입니까?" 물으니 "나는 숨겨둔 재산이 많습니다."고 했습니다. 재산 목록을 물었습니다. "영생이 있고 영원한 친구 예수님이 가장 귀한 재산입니다." 하고 대답했습니다. 그러자 세무직원이 "세상적인 것을 말해 주십시오." 하자 목사님은 "나를 도와주는 아내가 보물이요, 건강하고 신실한 자녀들, 그리고 내 마음에 있는 놀라운 평강과 기쁨이 있소." 하고 대답했습니다. "또 없습니까?" "그것이 총재산이요." 그러자 세무직원이 말했습니다. "굉장한 부자로군요. 그런데 그 재산 중에 세금을 내어야 할 것은 하나도 없습니다."

참된 부자는 소유의 많고 적음에 있지 않습니다. 진정한 부자는 참 생명, 영원한 생명을 가진 사람입니다. 성경은 말씀합니다. "돈을 사랑함이 일만 악의 뿌리가 되나니 이것을 사모하는 자들이 미혹을 받아 믿음에서 떠나 많은 근심으로써 자기를 찔렀도다"(디모데전서 6:10).

가장 중요한 것은 돈이 아닙니다. 돈보다 더 중요한 것이 있습니다. 제일 우선적인 것은 생명입니다. 우리에게 생명을 주신 하나님을 섬기는 것입니다. 거기에 영생과 축복이 있습니다. 성경은 말씀합니다. "너희는 먼저 그의 나라와 그의 의를 구하라 그리하면 이 모든 것을 너희에게 더하시리라"(마태복음 6:33).

그러므로 우리는 우리의 신앙을 방해하는 가시덤불을 제거해야 합니다. 우리의 신앙을 방해하는 가시덤불을 불살라

버려야 합니다. 우리의 신앙을 방해하는 가시덤불을 기경하여 힘있게 믿음이 성장하는 성도가 됩시다.

4. 옥토 밭이 있습니다.

"더러는 좋은 땅에 떨어지매 혹 백 배, 혹 육십 배, 혹 삼십 배의 결실을 하였느니라"(마태복음 13:8).

옥토 밭은 좋은 땅이요 부드럽고 순수하고 깨끗한 밭입니다. 돌이나 가시도 없고 잡초도 없습니다. 이 밭은 열매 맺는 밭입니다. 30배 60배 100배의 결실을 맺는 밭입니다.

이 밭은 진리의 복음을 잘 받아들이는 마음입니다.

1) 잘 수용하는 밭입니다.

말씀을 잘 듣고 깨닫고 순종하고 믿는 마음입니다.

믿음의 조상 아브라함은 하나님께서 고향과 친척을 떠나 새로운 땅으로 떠나라고 말씀하시자 그대로 순종했습니다. 100세에 낳은 아들 이삭을 모리아산에서 제물로 바치라고 명령하시자 그대로 순종했습니다. 옥토 밭입니다.

이사야 선지자가 성전에서 환상을 보았습니다. 하나님께서 "내가 누구를 보내며 누가 우리를 위하여 갈고" 하시자, "내가 여기 있나이다 나를 보내소서"라고 대답했습니다. 바로 옥토 밭입니다.

2) 열매맺는 밭입니다.

30배 60배 100배입니다. 순종하고 받아들이는 곳에는 열매가 나타납니다. 성경은 말씀합니다. "복 있는 사람은 악인의 꾀를 좇지 아니하며 죄인의 길에 서지 아니하며 오만한 자의 자리에 앉지 아니하고 오직 여호와의 율법을 즐거워하여 그 율법을 주야로 묵상하는 자로다 저는 시냇가에 심은 나무가 시절을 좇아 과실을 맺으며 그 잎사귀가 마르지 아니함 같으니 그 행사가 다 형통하리로다"(시편 1:1-3).

삭개오는 세리장이요 부자입니다. 그는 예수님을 영접한 후 "주여 보시옵소서 내 소유의 절반을 가난한 자들에게 주겠사오며 만일 뉘 것을 토색한 일이 있으면 사 배나 갚겠나이다" 하고 고백했습니다. 예수님은 "오늘 구원이 이 집에 이르렀으니 이 사람도 아브라함의 자손임이로다 인자의 온 것은 잃어버린 자를 찾아 구원하려 함이니라"고 선포하셨습니다. 열매 맺는 밭입니다.

이제 문제는 밭이 어떠한가 하는 것입니다. 영적으로 한번 진단해 봅시다. 만약 길가 밭, 돌짝 밭, 가시 밭과 같다면 어떻게 해야 합니까? 옥토로 만들어야 합니다. 어떻게 옥토로 만들 수 있습니까? 새롭게 개간해야 합니다. 돌을 제거하고 가시를 제거해야 합니다.

이스라엘은 세계적인 농업 대국입니다. 자급자족에서 벗어나 수출까지 합니다. 사실 이 나라는 사막이 많습니다. 그런데 그들이 사막을 옥토로 만들었습니다. 이 일이 어떻게 가능합니까? 사막에 약 1m의 땅을 파서 비닐을 수천 장씩 깔고 그 위에 갈릴리 호수의 물을 길어다가 부었습니다. 그리고 좋은 나라의 흙을 수입해서 1m 정도의 흙을 깔고, 갈릴리 호수의 물을 수로를 타고 흐르게 했습니다. 그리고 파종을 했습니다. 여기에서 사막의 기적을 이룬 것입니다.

우리의 마음 밭도 이와 같습니다. 하나님 앞에서 잡초를 제거해야 합니다. 자갈을 긁어내어야 합니다. 부정적 사고를 버려야 하고 습관적인 죄를 버려야 합니다. 나태하고 게으른 것을 버려야 하고 세상을 사랑하고 돈을 사랑하는 것을 버려야 합니다. 이중적인 인격과 비관적인 자세를 다 개간해야 합니다.

우리 주님은 최후의 심판 때에 열매를 보고 결정하십니다.

성경은 말씀합니다. "아름다운 열매를 맺지 아니하는 나무마다 찍혀 불에 던지우느니라 이러므로 그의 열매로 그들을 알리라 나더러 주여 주여 하는 자마다 천국에 다 들어갈 것이 아니요 다만 하늘에 계신 내 아버지의 뜻대로 행하는 자라야 들어가리라 그 날에 많은 사람이 나더러 이르되 주여 주여 우리가 주의 이름으로 선지자 노릇 하며 주의 이름으로 귀신을 쫓아내며 주의 이름으로 많은 권능을 행치 아니하였나이까 하리니 그 때에 내가 저희에게 밝히 말하되 내가 너희를 도무지 알지 못하니 불법을 행하는 자들아 내게서 떠나가라 하리라" (마태복음 7:19-23).

사랑하는 성도 여러분!
여러분의 밭은 어떠합니까? 우리는 열매맺는 밭이 되어야 합니다. 잡초를 뽑아내어야 합니다. 옥토 밭으로 만들어야 합니다. 하나님의 말씀을 듣는 귀가 있어야 합니다. 말씀을 심어야 합니다. 그리고 30배 60배 100배의 열매를 맺어야 합니다. 아멘.

씨를 뿌리는 자

³예수께서 비유로 여러 가지를 저희에게 말씀하여 가라사대 씨를 뿌리는 자가 뿌리러 나가서 ⁴뿌릴 새 더러는 길가에 떨어지매 새들이 와서 먹어 버렸고 ⁵더러는 흙이 얇은 돌밭에 떨어지매 흙이 깊지 아니하므로 곧 싹이 나오나 ⁶해가 돋은 후에 타져서 뿌리가 없으므로 말랐고 ⁷더러는 가시떨기 위에 떨어지매 가시가 자라서 기운을 막았고 ⁸더러는 좋은 땅에 떨어지매 혹 백 배, 혹 육십 배, 혹 삼십 배의 결실을 하였느니라 ⁹귀 있는 자는 들으라 하시니라

(마태복음 13:3-9)

씨를 뿌리는 자

　　우리 예수님은 뛰어난 재담가요 모든 사람들에게 깊은 감동을 주는 명설교가였습니다. 예수님은 아주 재미있고 쉽게 하나님의 말씀을 잘 가르치셨습니다. 예수님이 가르치신 말씀 가운데 비유가 약 3분의 1 이상입니다.

　비유란 말은 'παραβολη'(파라보레이-*parable*)로, '…의 옆에 두다', '…의 곁에 두다'는 뜻입니다. 즉, 우리가 이해할 수 있도록 이미 아는 것을 알지 못하는 것 옆에 놓아 설명하는 것입니다. 예수님은 영적 교훈을 가르치기 위해서 지상의 사물에 비유하셨습니다. 예를 들어 '천국은 마치 씨 뿌리는 것과 같으니라', '천국은 마치 겨자씨와 같으니라', '천국은 마치 감추인 보화와 같으니라' 등입니다.

1. 왜 비유로 말씀하셨습니까?

1) 이유

① 쉽게 이해시키기 위해서입니다.

알아듣지 못하는 말을 백 번 해 보아야 아무런 소용이 없습니다. 어린아이들과 이야기하려면 모든 식구가 다 어린아이가 알아들을 수 있는 말을 해야만 합니다.

로저스라는 유명한 교수는 수십 년 동안 교회 학교에서 초등학교 3,4학년 정도의 학생들을 가르쳤습니다. 그분의 말이 "저 아이들이 못 알아듣는 진리는 진리가 아니다. 저 아이들이 알아듣지 못하는 복음은 복음이 아니다."라고 했습니다.

제가 오래 전에 흑인들만 사는 동네에 들어가서 예배를 드린 적이 있습니다. 설교는 키가 2m 5㎝가 되는 감리교 백인 목사가 하고, 저는 한국 목사로 그들에게 인사말과 격려를 했습니다. 아주 특이한 것은, 우리가 영어로 말하면 흑인 통역자 두 사람은 각각 자기 흑인의 말로 두 번 통역을 했습니다. 찬송도 세 종류나 되었습니다. 그날 키가 큰 백인 목사님이 설교를 하실 때에 흑인교인들에게 십일조를 가르쳤습니다. 그런데 고구마 10개를 들고 그 중의 하나는 하나님의 것이므로 하나님께 바치라고 설명했습니다. 설교가 끝난 후 제가 물었습니다. 그랬더니 이 사람들은 말로만 하면 잘 모르니까 쉽게 이해시키려고 실물 교육을 했다고 말했습니다.

우리 예수님은 천국에 대해 사람들이 잘 이해할 수 있도록 땅의 이야기를 예를 들어서 비유로 설명하셨습니다.

② 다른 목적은 모르게 하기 위해서입니다.
성경은 말씀합니다. "천국의 비밀을 아는 것이 너희에게는 허락되었으나 저희에게는 아니 되었나니"(마태복음 13:11), "너희가 듣기는 들어도 깨닫지 못할 것이요 보기는 보아도 알지 못하리라"(마태복음 13:14).

이 말씀은 마음이 열린 사람에게는 알게 하고 마음이 완악한 자에게는 모르게 하기 위한 것입니다.

어느날 예수님은 "저 여우에게 가서 말하라"고 하신 적이 있습니다. 여우가 누구입니까? 알 사람은 다 아는 이야기로 바로 헤롯왕을 두고 하신 말씀입니다. 이것은 비유로 하신 말씀입니다.

그러면 예수님은 왜 비유를 사용하셨습니까? 그것은 만약 비유를 사용하지 않고 바로 헤롯왕에게 가라고 하면 심각한 정치적 문제가 발생할 수 있기 때문입니다. 우리나라에서도 바로 누구라 하지 않고 '고위층', '당국'이라는 말을 사용하는 것과 비슷합니다.

예수님이 왕을 여우라고 비유했으나 이것을 책잡을 수는 없습니다. 그러므로 아는 사람들은 알지만 끝까지 모르는 사람은 모릅니다.

③ 예언을 성취하게 하기 위해서입니다.
성경은 말씀합니다. "예수께서 이 모든 것을 무리에게 비유로 말씀하시고 비유가 아니면 아무것도 말씀하지 아니하셨으니 이는 선지자로 말씀하신 바 내가 입을 열어 비유로 말하고 창세부터 감추인 것들을 드러내리라 함을 이루려 하심이니라"(마태복음 13:34-35).

예수님은 창세 전에 감추인 것들을 비유를 통해서 드러내셨습니다. 그러므로 중요한 하나님의 말씀, 즉 계시를 가장 효과적으로 나타내기 위해서 비유를 사용하신 것입니다. 예수님은 매일 보고 듣는 생활 속의 경험을 가지고 우리에게 비유로 가르치셨습니다.

2) 중요한 사실은 비유 속에서 예수 그리스도를 만나야 한다는 것입니다.

우리는 모든 비유 속에서 그리스도의 교훈을 발견해야 합니다. 예를 들어 씨를 뿌리는 비유에서 씨앗을 자라게 하시는 분은 하나님이심을 발견해야 합니다. 새를 먹이시는 분은 하나님이심을 알아야 합니다. 꽃을 아름답게 옷 입히시는 분이 바로 하나님임을 찾아내어야 합니다.

우리는 비유를 통해서 하나님의 교훈을 발견하고 그리스도를 만나야 합니다. 예수님의 비유가운데 가장 대표적인 것은 바로 씨 뿌리는 비유입니다.

예수님께서는 많은 사람들이 몰려오자 배를 타고 육지에서 조금 띄우게 하시고 배를 강단 삼으시고 설교를 하기 시작하셨습니다. 우리 예수님은 큰 음성으로 설교를 하신 것 같습니다. 제일 처음에 씨뿌리는 농부의 비유를 말씀하셨습니다. 거기에 모여 예수님의 말씀에 귀를 기울이고 있는 수많은 청중들의 시야에 멀리서 씨를 뿌리는 농부의 모습을 보기도 했을 것입니다. 또한 이곳으로 오는 도중에 씨를 뿌리는 농부를 보았을 것입니다. 그러므로 예수님은 더 이상의 설명이 필요없는 아주 실제적인 예화를 말씀하고 계신 것입니다.

3) 씨 뿌리는 방법

그 당시에 씨를 뿌리는 방법은 두 가지였습니다.

① 농부가 씨앗 주머니에 씨앗을 넣어서 그 주머니를 목에 메달고 율동적인 걸음으로 밭고랑을 따라서 씨를 뿌리는 것입니다. 그러다 보니 더러는 길가에 떨어지고, 더러는 돌짝 밭에, 더러는 가시 밭에 떨어지기도 했을 것입니다.

② 나귀의 등에 씨앗 자루를 실어서 자루 밑에 구멍을 내어 나귀를 때리면 그 나귀가 돌아다니는 대로 씨앗이 뿌려지게도 했습니다.

4) 비유의 뜻

농부는 예수님, 다른 사도들, 제자들을 나타냅니다. 씨앗은 천국의 복음을 의미합니다. 본문에는 네 종류의 밭이 나옵니다. 길가 밭, 돌짝 밭, 가시 밭, 그리고 옥토 밭입니다. 열매 맺는 밭은 옥토 밭뿐입니다. 그러므로 열매를 맺을 확률은 4분의 1입니다.

2. 그러므로 여기서 중요한 것은 뿌리는 것입니다.

뿌려야 열매를 거둡니다. 뿌리지 않고 열매를 거둘 수는 없습니다. 그런데 봄에 뿌리면 반드시 가을에는 열매를 맺습니다. 이것은 하나님의 창조 섭리입니다. 뿌려야만 열매를 얻습니다.

씨앗을 뿌리는 것은 하나님의 말씀 선포입니다. 하나님의 말씀을 선포해야 열매를 얻습니다. 하나님의 말씀을 선포해야 영혼을 구원합니다. 씨를 뿌려야 열매를 얻듯이 복음을 전파해야 구원받는 역사가 일어납니다. 다시 말하면 하나님의 말씀을 전하지 않고는 영혼을 구원할 수 없습니다. 그러므로 모든 방법을 동원해서 말씀의 씨앗을 뿌려야 합니다.

요즈음은 물건을 팔 때도 많은 광고를 해서 대중에게 널리 알려야 합니다. 광고를 계속 들으면 그 물건의 이름이 기억되어 버립니다. 그래서 각 업체들마다 광고에 많은 투자를 합니다. 라디오, 텔레비전, 신문, 정보지, 잡지, 벽보, 그리고 인터넷까지 온통 광고로 넘칩니다. 광고 노래를 한번만 들어도 기억나게 하려고 머리 다툼을 합니다. 광고만 잘 하면 상품은 날개 달린 듯 팔리게 됩니다. 그래서 광고에 엄청난 돈을 쏟아 붓습니다. 15초 내에 한편의 인상깊은 광고를 만들기 위해서 하루 종일, 또는 며칠씩 수십 번, 수백 번 연기를 해야 된다고 합니다. 물론 유명 연예인의 광고 수입도 엄청나다고 합니다. 아무튼 광고를 한번만 보고 들어도 기억나게 하려고 온갖 노력을 다 기울입니다.

지난해, 대한 항공에서는 서울과 부산에 있는 목사님들을 특별초청 해서 성지순례를 했을 때 저도 초청받았습니다. 그때 모세가 십계명을 받았다는 시내산에 올라갔습니다. 새벽 2시에 오르기 시작하여 6시경에 일출을 본 후 하산하는데 갑자기 젊은 목사님 한분이 소리를 질렀습니다. "여기 자장면 시키신 분." 텔레비전에서 한창 인기를 끌고 있는 광고를 그대로 흉내내었습니다. 그래서 제가 "여기 아무도 없어요." 하자, 그 목사님은 "아" 하고 떨어지는 시늉을 했습니다. '과연 광고의 힘이 대단하구나, 시내산 꼭대기에 와서도 효력을 내고 있구나.' 하는 생각을 했습니다.

그러면 우리는 어떻게 복음을 전해야 합니까? 우리는 모든 사람이 다 들을 수 있도록 널리 전해야 합니다. 효과적인 모든 방법을 동원해서 복음을 전해야 합니다. 우리는 사람의 영혼을 살리는 이 복음 전도에 얼마나 투자하고 있습니까? 우리도 가장 효과적인 방법을 개발하고 모든 방법을 동원해서라도 복음을 전해야 합니다. 우리가 열심히 복음을 전하고 뿌렸는데 듣지도 않고 회개치도 않고 믿지 않는 것은 그들의 책임입니다. 다만 우리가 할 일은 씨앗을 뿌리는 농부처럼 부지런히 하나님의 복음을 전하는 것입니다.

1) 씨앗은 생명이요 복음입니다.

복음은 사람을 살리게 합니다.

지난 번 의료대란이 일어나자 온 나라가 떠들썩하며 많은 걱정을 했습니다. 그나마 잘 수습되었지만 그것이 오래 지속되었다면 아주 심각한 문제가 발생했을 것입니다. 왜냐하면 병원은 사람의 생명을 다루는 곳이기 때문입니다. 병원에 가서 의사의 치료를 받고 수술도 하고 약을 잘 사용함으로 죽어가는 생명을 연장시킬 수도 있고, 건강을 다시 회복시킬 수가 있기 때문입니다. 그러므로 병원이 문을 닫으면 안됩니다.

마찬가지로 복음은 영적으로 죽어 가는 사람을 살립니다. 교회는 죽어져 가는 영혼을 하나님의 말씀으로 살립니다. 이것은 아주 중요합니다. 병원에서 병을 고친 사람은 아무리 오래 산다해도 100세 미만입니다. 그러나 하나님의 말씀을 듣고 영혼의 고침을 받은 사람은 이 세상뿐만 아니라 영원한 하나님 나라까지 갑니다. 영생을 얻습니다. 그러므로 우리는 이 복음을 이 세상 모든 사람들에게 듣게 해야 합니다. 복음의 씨앗을 뿌려야 합니다.

복음 전도는 사람을 살립니다. 우리 교회도 많은 영혼들을 살리고 구원하고 있습니다. 오늘 이 자리에도 예수님을 영접하고 죄악된 세상을 청산하고 새로운 삶을 사는 분이 얼마나 많습니까? 예수님을 믿고 옛날의 구습을 완전히 벗어서 얼굴만 보아도 밝고 기쁨이 넘치는 성도들이 얼마나 많습니까? 부부 갈등으로 분열직전의 가정이 복음을 받아 이제는 예수님을 믿고 기쁨과 감사가 충만한 것을 보면서, 다른 사람들이 기적으로 생각하는 가정이 얼마나 많습니까?

　우리와 자매 교회인 요하네스버그 한인교회는 병아리 감별사로 온 한 처녀에게 뿌려진 복음의 씨앗이 자라나 아름답고 큰 교회로 성장했습니다. '이' 씨 성을 가진 이 처녀는 전혀 교회에 다녀본 적이 없었습니다. 돈을 벌기 위해서 조국을 떠나 홀로 먼 나라까지 온 사람입니다. 오직 돈이 그녀의 인생에 있어 최고의 목표였습니다. 왜냐하면 돈 때문에 공부도 많이 못했고, 돈이 없어 많은 고생을 했기 때문입니다. 그래서 오직 돈 버는 것이 그녀의 인생 목표였습니다. 그런 그녀를 예수님은 우리 손에 붙여 주셨습니다. 우리는 그 처녀에게 예수님의 복음을 전해 주었습니다. 우리는 인생의 가장 근본적이고 가장 소중한 문제, 영원히 사는 길, 참된 행복을 소개해 주었습니다. 하나님의 성령은 그녀의 마음을 열어 주셨습니다. 눈물을 흘리면서 예수님을 구주로 영접하였습니다. 그리고 인생의 목표와 삶의 가치가 바뀌어졌습니다. 돈이 인생의 전부가 아니라 예수님이 인생의 전부라는 놀랍고도 아름다운 고백을 했습니다. 그 후부터 하나님은 그녀에게 역사하기 시작했습니다. 항상 기도하고 하나님의 말씀을 가까이 했습니다. 하나님께 예배드리기를 힘썼습니다. 십일조와 다른 헌금도 했습니다. 하나님은 그녀의 삶을 책임져 주셨습니다. 계약 조건이 끝나자 더 좋은 곳으로 옮겨주셨습니다. 그리고 믿음의 청년을 만나 결혼을 하고 독일에서 생활하다가 지금은 영국의 런던에 가서 안정된 직장 생활을 하면서 좋은 집도 사고 예쁜 딸도 얻었습니다. 무엇보다 하나님을 잘 믿는 신실한 집사가 되었습니다. 복음이 한 시골 소녀의 인생을 완전히 바꾸어 놓았습니다. 영원한 생명을 얻게 했습니다.

우리가 파송한 남부 아프리카 줄루족 마을인 베르나에 천준혁 선교사가 복음의 씨앗을 열심히 뿌렸습니다. 많은 믿음의 열매를 얻었습니다. 교회가 세워졌습니다. 그들의 삶이 영원한 생명을 얻고 변화되었습니다.

앙골라는 어떠한 나라입니까? 35년 동안의 내전으로 찢길 대로 찢긴 앙골라에 파송된 정명섭 선교사는 그 소망 없고 불쌍한 자들에게 열심히 복음을 전했습니다. 수많은 사람들이 몰려들어 복음을 듣고 변화되고 있습니다. 마약 중독자가 새로운 사람으로 바뀌고, 가출하고 탈선하는 청년들이 복음을 듣고 변하여 헌신된 자로 교회를 섬기고 있습니다. 이것은 복음의 역사입니다. 복음에는 생명이 있기 때문입니다.

우리는 복음의 씨앗을 뿌려야 합니다. 우리가 살고 있는 우리의 이웃에게 뿌려야 합니다. 우리의 친구들을 복음으로 변화시켜야 합니다. 우리의 가족들, 우리의 형제들에게 복음을 뿌려야 합니다. 우리의 고장 부산에 복음의 씨앗을 뿌려야 합니다. 400만 부산 시민들 중에는 아직도 복음을 듣지 못한 사람들이 많습니다. 아직도 교회에 한 번도 나오지 못한 사람들이 있습니다. 이것은 우리의 복음을 기다리는 사람들이 많다는 말입니다.

성경은 말씀합니다. "내가 너와 함께 있으매 아무 사람도 너를 대적하여 해롭게 할 자가 없을 것이니 이는 이 성중에 내 백성이 많음이라"(사도행전 18:10). 이 부산시 안에 하나님의 백성이 많다는 말입니다. 아직도 전도하여 구원시킬 하나님의 백성들이 많다는 말입니다. 그러므로 우리는 복음을 뿌려야 합니다.

저는 이따금씩 옛날 친구들로부터 전화를 받습니다. 극동방송이나 기독교 방송 설교를 듣고 저에게 전화를 합니다. 그 친구들은 옛날 학생 시절에는 눈에 띄게 지내던 친구들이었습니다. 그런데 예수님을 믿고 새 사람이 되어 집사가 되었다고 합니다. 할렐루야! 이것은 하나님의 복음의 역사입니다. 말씀이 그들을 변화시킨 것입니다. 그러므로 우리는 열심히 복음의 씨앗을 뿌려야 합니다. 사도 바울은 "너는 말씀을 전파하라 때를 얻든지 못 얻든지 항상 힘쓰라"(디모데후서 4:2)고 했습니다.

성도 여러분, 복음은 생명입니다. 생명이 생명을 살립니다. 죽은 자가 죽은 자를 살릴 수 없습니다. 산 자가 죽은 자를 살립니다. 복음으로 산 자인 우리가 영적으로 죽은 자를 살릴 수 있습니다. 우리는 사람을 살리는 생명의 복음을 열심히 전해야 합니다.

2) 많이 뿌려야 합니다.

오늘 본문에 보면 씨를 뿌렸는데 열매를 얻은 확률은 4분의 1에 불과합니다. 길가 밭과 돌짝 밭과 가시 밭의 씨앗은 실패했습니다. 옥토에 떨어진 씨앗만 성공했습니다.

그러면 누구에게 씨를 뿌려야 합니까? 우리의 전도 대상자가 누구입니까?

① 전도대상 목표를 세워야 합니다.
누구에게 전도해야 합니까? 목표를 세워야 합니다. 그리고 준비해야 합니다. 예수님은 3년 전도를 위해 30년을 준비하셨

습니다. 모세는 40년을 준비하고 이스라엘의 지도자가 되었습니다. 그러므로 누구를 전도하고 몇 명을 전도할 것인지 목표를 세워야 합니다.

매일 기도하고 전도해야 합니다. 매일 식사를 하듯 매일 전도 대상자를 만나고 전화하고 그와 가까이 해야 합니다. 그리고 전도해야 합니다. 반드시 결신할 것을 작정하고 전도해야 합니다. 내가 전도하는 사람은 반드시 예수님을 믿게 할 것이라는 마음의 작정을 해야 합니다. 교회등록을 작정해야 합니다. 우리 교회의 교인으로 등록시켜 신앙생활을 같이하며 평생 신앙의 친구가 되고 천국까지 같이 간다는 작정을 해야 합니다.

② 전도 대상자를 접촉해야 합니다.
전도 대상자의 이름을 부르며 기도하고 직접 접촉해야 합니다. 그리고 만나야 합니다. 그리고 대화 속에 늘 예수님 자랑을 해야 합니다. 목사님 자랑을 해야 합니다. 교회 자랑을 해야 합니다. 교인 자랑도 해야 합니다.

③ 가망성 있는 전도 대상자를 찾아야 합니다.
이 세상의 모든 사람이 다 전도 대상자입니다. 그러나 전도자에게 호감을 가지고 전도에 관심이 있는 사람을 우선적으로 해야 합니다. 그들은 마음을 열고 응답하려는 자세가 되었

기 때문입니다. 그들은 구원받을 준비가 되어 있습니다. 그들은 이미 믿음의 영향권 안에 들어와 있습니다.

예수님은 본문에서 네 가지 서로 다른 종류의 밭을 소개하셨습니다. 길가 밭은 마음을 열지 않는 사람들을 나타냅니다. 그들은 전도자의 말을 듣기는 하지만 메시지는 받아들이지 않습니다. 돌짝 밭은 피상적으로 메시지를 받아들이는 사람을 나타냅니다. 그들은 말씀 때문에 환란이나 핍박을 당하게 되면 말씀을 배반합니다. 가시 떨기는 일시적으로만 마음을 여는 사람을 나타냅니다. 그들에게 요구되는 변화된 삶을 그들은 기꺼이 받아들이려 하지 않습니다.

이들은 모두 마음이 굳어진 상태입니다. 이미 복음이 뿌려진 곳이므로 아무리 복음을 전해도 받아들이지 않습니다.

그러면 왜 마음이 굳어졌습니까? 첫째, 자기 고집이요 자기 중심 때문입니다. 자기가 경험한 것을 우상화해서 다른 것은 믿지 못하겠다는 것입니다. 한번 속은 경험이 있는 사람은 의심하기 시작합니다. 여러 번 속아보면 이제 세상 사람 모두를 믿지 못하겠다는 생각이 듭니다. 둘째, 무관심의 습관화가 마음을 굳게 합니다. 세상의 것을 너무 좋아하면 정말 귀한 것을 분별하지 못합니다. 어린 아이에게 맛있는 과자와 금덩어리를 내 놓으면 어느 것을 가지려 하겠습니까? 과자만 가지려고 할 것입니다. 왜냐하면 귀한 것을 모르기 때문입니다. 어른들이라면 어떻게 하겠습니까? 두 개 다 가지려고 할 것입니다. 한 가지만 가지라고 한다면 당연히 금을 선택할 것입니다.

오늘날에도 이 세상의 것을 너무 좋아하는 사람은 세상 재미 때문에 하나님의 말씀이 얼마나 귀중한 것인지 모르고 하나님을 멀리합니다. 하나님의 말씀을 멀리합니다. 길가 밭, 돌짝 밭, 가시 밭처럼 이미 세상의 것에 마음이 굳어진 사람들은 복음을 받아들이지 않습니다.

그러나 좋은 땅은 참으로 마음을 여는 마음을 나타냅니다. 그들은 복음을 전할 때 응답하여 충실히 따릅니다. 이들은 마음을 열고 받아들일 준비가 되어 있습니다. 첫 번째 그룹이 우리의 친구, 친지, 동료 이웃들입니다. 이들은 이미 친분 관계가 맺어진 전도의 영향권 안에 들어 있습니다. 두 번째 그룹은 한 번쯤 교회에 왔던 사람들입니다. 이런 분들은 무언가 변화를 느끼고 있습니다. 복음을 받아들일 가능성이 있는 사람들입니다. 셋째 그룹은 대외적으로 변화를 겪고 있는 사람들입니다. 졸업, 결혼, 출산, 별거, 이혼, 이사, 가까운 사람의 죽음이라는 환경에 처해 있는 사람들입니다. 이들은 복음을 받아들일 수 있는 마음의 준비가 되어 있다고 볼 수 있습니다.

길가 밭, 돌짝 밭, 가시 밭은 열매를 맺지 못했습니다. 그들은 마음이 닫혀있고 준비가 되어 있지 못했습니다. 그러나 좋은 밭, 즉 옥토에 떨어진 씨앗은 열매를 맺었습니다. 그것은 그 밭이 열매 맺는 마음이기 때문입니다.

옥토에 떨어진 씨앗은 30배 60배 100배의 열매를 맺는 사람들입니다. 열매가 30배 60배 100배 차이가 나는 것은 무엇 때문입니까? 그것은 사람들이 하나님의 말씀을 받아들이는 응답이 서로 다르기 때문입니다. 믿음과 순종의 정도에 따라 어떤 사람은 30배, 어떤 사람은 60배, 또 다른 사람은 100배의 열매를 얻습니다.

길가 밭, 돌짝 밭, 가시 밭처럼 이미 세상의 것에 마음이 굳어진 상태인 사람들은 복음을 받아들이지 않습니다. 오직 옥토에 뿌려진 마음 밭에만 열매가 맺힙니다. 확률적으로도 아주 낮습니다. 그러나 4분의 1도 대단한 확률입니다. 이 말씀은 꼭 4분의 1의 열매를 거둔다는 것이 아닙니다. 뿌리기는 뿌려도 열매가 없는 곳도 많다는 것을 보여줍니다. 그러나 반드시 열매는 있습니다. 즉 옥토 밭이 분명히 있다는 것입니다. 그러므로 우리가 할 일은 많이 뿌리는 것입니다. 가능하면 많이 뿌려야 많이 거둡니다. 많이 뿌리면 많이 거두고 적게 뿌리면 적게 거둡니다. 30배 60배 100배를 거둡니다. 비록 열매가 다 맺히지 못해도 4분의 1과는 비교가 안될 만큼 엄청난 열매를 거둡니다.

성경은 말씀합니다. "이것이 곧 적게 심는 자는 적게 거두고 많이 심는 자는 많이 거둔다 하는 말이로다"(고린도후서 9:6).

① 우리는 말씀을 듣게 해야 합니다.

말씀을 들어야 변화가 일어납니다. 우리는 예수님에 대해서 말씀을 듣게 해야 합니다. 천국에 대해서 말씀을 듣게 해야 합니다. 영생에 대해서 말씀을 듣게 해야 합니다. 구원에 대해서 말씀을 듣게 해야 합니다. 성경말씀을 들려주어야 합니다.

성경은 말씀합니다. "누구든지 주의 이름을 부르는 자는 구원을 얻으리라 그런즉 저희가 믿지 아니하는 이를 어찌 부르리요 듣지도 못한 이를 어찌 믿으리요 전파하는 자가 없이 어찌 들으리요 보내심을 받지 아니하였으면 어찌 전파하리요 기록된 바 아름답도다 좋은 소식을 전하는 자들의 발이여"(로마서 10:13-15).

그러므로 일대일 개인전도를 해야 합니다. 또는 교회로 초청해야 합니다. 매 주일 교회로 초청하고 구역 예배에도 초청해야 합니다.

올해도 많은 분들이 우리 교회로 초청받았습니다. 그 중에 예수님을 믿고 변화된 사람들이 많습니다.

② 자라게 하시는 분은 하나님이십니다.

성경은 말씀합니다. "나는 심었고 아볼로는 물을 주었으되 오직 하나님은 자라나게 하셨나니"(고린도전서 3:6).

결과는 하나님께 맡기고 우리는 전해야 합니다.

이제 가을이 되면 전 교인이 예수님의 복음을 전하는 전도 축제가 열립니다. 이번에도 많은 분들이 주님 앞에 나올 것입니다. 물론 그 중에는 열매 맺는 분도 있을 것이고, 그냥 한번 참석하는 것으로 만족하는 분들도 있을 것입니다. 그런데 많이 올수록 열매도 많다는 사실을 우리는 기억해야 합니다.

올해는 과연 어떤 분들이 초청받아 오게 될지 기대가 됩니다. 금년에는 하나님께서 어떤 사람을 보내 주실지 궁금합니다. 어떤 사람이 결신하게 되어 새로운 삶을 살아 갈 것인지 흥분되기도 합니다. 여러분은 어떻습니까? 하나님께서 올해는 누구를 붙여 주실까? 어떤 알곡을 주실까? 어떤 놀라운 믿음의 인물이 탄생될 것인가? 기대가 되지 않습니까?

우리는 기도하면서 작정해야 합니다. 이것은 한 사람의 인생을 변화시키는 일입니다. 영생으로 인도하는 일입니다. 내가 전도한 그 사람을 통해 하나님은 많은 영광을 받을 것입니다. 우리가 전도한 그 사람을 통해 많은 사람이 또 구원받을 것입니다. 그 사람을 통해서 많은 사람들이 유익을 얻게 될 것입니다.

하나님은 해마다 우리 교회에 많은 사람들을 보내어 주시어 복음을 듣게 하셨습니다. 우리는 복음을 전파하라는 주님의 명령에 순종했습니다. 그리고 그 가운데 정말 사랑스럽고 좋은 분들을 열매 맺게 하셨습니다. 그들의 삶이 완전히 변화되었습니다. 그들은 지금 우리 교회에 생기를 불어넣고 있습니다. 우리 교회는 새로운 분들이 교회에 나와서 구원을 받고 변화된 삶을 누리게 되는 일들이 계속되고 있습니다.

성도 여러분, 우리는 전해야 합니다. 복음의 씨앗을 많이 뿌려야 합니다. 많은 사람을 초청해야 합니다. 그리고 많은 사람들이 방문해야 합니다. 우리 모두 많은 복음의 씨앗을 뿌려 30배, 60배, 100배의 결실을 맺는 성도가 됩시다.

3. 뿌리는 자가 있어야 합니다.

이 일을 위해서 주님은 제자들을 부르셨습니다. 열두 제자는 복음의 씨앗을 뿌렸습니다. 베드로는 순교의 제물이 되기까지 복음의 씨앗을 뿌렸습니다. 예루살렘에서부터 유다와 사마리아와 땅 끝까지 가서 복음을 전했습니다. 무명의 성도들은 예루살렘에서, 멀리 안디옥교회는 무명의 성도들이 와서 복음을 뿌렸습니다. 그리고 교회가 세워졌습니다.

지난 6월 17일 영국 웨일즈의 카디프 시청에서 웨일즈 국가 조찬기도회가 열렸습니다. 특별히 이 모임에 한국의 목회자들이 초청 받았습니다. 한국의 목회자들은 특별 인사를 통해, 영국 웨일즈에서 태어나 한국에서 복음을 전하다가 대동강변에서 순교 당한 로버트 J. 토마스 선교사에 대한 감사의 뜻을 전했습니다. 토마스 선교사는 우리나라에 복음의 씨앗을 뿌리기 위해 미국 상선 제너럴 셔먼호를 타고 대동강으로 올라왔습니다. 그때 우리나라와 미군들의 전투가 벌어졌을 때, 그가 타고 있던 배의 화재로 그는 대동강에 쪽 복음을 들고 육지에 올라왔다가 우리 군사들에 의해 포로가 되었습니다. 그는 죽임을 당하기 전에 "예수, 예수" 하면서 성경을 전해 주었습니다. 그 성경을 읽고 변화되어 예수를 믿는 열매가 나타났습니다.

맥킨타이어 목사는 한국 사람들이 많이 찾아오는 중국의 고려문에서 한국의 유학생들에게 복음을 전하여 열매를 맺었습니다. 언더우드 선교사와 아펜젤러 목사도 한국에 들어와 학교와 병원을 세우면서 예수의 복음을 전했고 많은 열매를 맺었습니다.

복음의 씨앗을 뿌리는 자는 사람을 살리는 자입니다. 전도자의 사명은 위대합니다. 많은 전도자가 일어나야 합니다. 주님은 이 시대에 복음의 씨앗을 뿌릴 사명을 우리에게 주셨습니다. 우리는 복음을 뿌려야 합니다.

그런데 복음의 씨앗을 뿌릴 때에는 반드시 확신을 가지고 전해야 합니다. 열매를 맺는다는 확신이 있어야 합니다. 성경은 말씀합니다. "스스로 속이지 말라 하나님은 만홀히 여김을 받지 아니하시나니 사람이 무엇으로 심든지 그대로 거두리라 자기의 육체를 위하여 심는 자는 육체로부터 썩어진 것을 거두고 성령을 위하여 심는 자는 성령으로부터 영생을 거두리라 우리가 선을 행하되 낙심하지 말지니 피곤하지 아니하면 때가 이르매 거두리라"(갈라디아서 6:7-9).

우리 예수님은 복음의 씨앗을 뿌리고 많은 열매를 맺었습니다. 주의 제자들도 복음의 씨앗을 뿌리고 많은 열매를 맺었습니다.

성도 여러분, 우리도 복음의 씨앗을 뿌려야 합니다. 우리의 주위에는 복음을 기다리는 영혼들이 많습니다. 우리가 복음의 씨앗을 뿌리면 가을에는 반드시 추수할 것을 확신하고 뿌립시다.

씨앗은 생명이 있습니다. 복음은 영생을 주는 말씀입니다. 인생을 변화시키며 풍요롭게 하는 말씀입니다. 그러므로 우리는 많이 뿌려야 합니다. 우리의 전도 대상자를 찾아야 합니다. 그리고 많은 열매를 거둡시다.

사랑하는 성도 여러분!
우리 주님은 우리에게 뿌리는 자의 사명을 주셨습니다. 우리는 복음의 씨를 뿌리는 자로 부름받았습니다. 전도자에게 주신 말씀을 마음에 새깁시다. "눈물을 흘리며 씨를 뿌리는 자는 기쁨으로 거두리로다 울며 씨를 뿌리러 나가는 자는 정녕 기쁨으로 그 단을 가지고 돌아오리로다"(시편 126:5-6).

가라지와 알곡

²⁴예수께서 그들 앞에 또 비유를 베풀어 가라사대 천국은 좋은 씨를 제 밭에 뿌린 사람과 같으니 ²⁵사람들이 잘 때에 그 원수가 와서 곡식 가운데 가라지를 덧뿌리고 갔더니 ²⁶싹이 나고 결실할 때에 가라지도 보이거늘 ²⁷집 주인의 종들이 와서 말하되 주여 밭에 좋은 씨를 심지 아니하였나이까 그러면 가라지가 어디서 생겼나이까 ²⁸주인이 가로되 원수가 이렇게 하였구나 종들이 말하되 그러면 우리가 가서 이것을 뽑기를 원하시나이까 ²⁹주인이 가로되 가만 두어라 가라지를 뽑다가 곡식까지 뽑을까 염려하노라 ³⁰둘 다 추수때까지 함께 자라게 두어라 추수 때에 내가 추수꾼들에게 말하기를 가라지는 먼저 거두어 불사르게 단으로 묶고 곡식은 모아 내 곳간에 넣으라 하리라

(마태복음 13:24-30)

가라지와 알곡

키스트 메이커(Kistmaker)라는 미국의 신학교 학장인 교수가 있는데, 그분의 장인이 캐나다에 농장을 구입했습니다. 그런데 그 밭에 가보니 온통 잡초로 뒤덮여 있었습니다. 그 이유를 알아보니 전 주인이 악의로 밤중에 가라지를 뿌리고 갔기 때문이라고 합니다.

오늘 성경본문에 나오는 내용도 이와 같습니다.

가라지는 빨리 자랍니다. 그리고 좋은 씨앗과 구별이 되지 않을 정도로 비슷합니다. 그래서 종들은 가라지를 뽑아버리자고 했으나 주인은 추수할 때까지 그만 두라고 했습니다.

예수님은 이 비유를 이렇게 해석하셨습니다.
① 먼저 좋은 씨를 뿌리는 이는 인자, 즉 예수님을 말씀합니다.
② 밭은 이 세상입니다.
③ 좋은 씨는 천국의 아들들, 즉 구원받은 백성들입니다.
④ 가라지는 악한 자의 아들들, 즉 구원받지 못하는 사람들입니다.
⑤ 가라지를 심은 원수는 마귀입니다.
⑥ 추수 때는 이 세상 끝, 심판의 날을 말합니다.
⑦ 추수꾼은 천사들입니다.

이 내용의 주제는 물론 하나님의 나라입니다. 하나님의 나라는 어떤 곳인가를 비유로 설명하고 있습니다. 하나님 나라의 과정, 즉 역사를 설명합니다.

하나님의 백성이 이 세상을 살아가는 과정에는 방해하는 것들이 많습니다. 그것이 바로 가라지와 같은 것입니다.

하나님 나라의 역사를 간단하게 요약해 봅시다. 예수님이 이 세상에 오시어 십자가에 달려죽으시고 부활하심으로 구속을 완성하셨습니다. 그리고 교회를 세우시고 복음을 전파하게 하셨습니다. 마지막 날에는 예수님이 이 땅에 다시 재림하실 것이며, 최후의 심판으로 구속역사는 완성될 것입니다.

구약 성경에서 구원의 과정을 예표로 미리 보여주셨습니다. 이스라엘 백성을 선택하시고 홍해 바다를 건너 출애굽시키셨습니다. 하나님 나라가 시작된 것입니다. 그리고 광야 40년 생활은 교회생활을 상징합니다. 여기에서 율법을 받았습니다. 광야생활 가운데서 만나와 메추라기, 기적, 질병과 죽음, 배반 등을 통해 훈련받고 성장되고 확장되었습니다. 마침내 약속의 땅 가나안에 들어갑니다.

우리 개인의 구원역사도 마찬가지입니다. 우리가 회개하고 예수님을 믿고 새 사람이 되었습니다. 이제 교회생활을 합니다. 그리고 교회생활을 통해 많은 것을 배우고 경험하면서 우리의 신앙이 자랍니다. 그리고 이 세상을 떠날 때 우리는 천국에 들어갑니다.

그런데 이 세상을 살아갈 때 우리는 광야생활을 해야 합니다. 즉 반드시 교회생활을 반드시 거쳐야 합니다. 이것은 하나의 과정입니다. 그런데 여기에서 문제가 발생합니다. 그것이 바로 가라지입니다. 옥토에 씨앗을 뿌렸는데 여기에 가라지가 들어와서 함께 자라면서 방해합니다.

하나님의 백성으로서 우리는 가라지 비유가 주는 교훈을 바로 알아야 합니다.

1. 가라지가 함께 자랍니다.

가라지는 독보리의 일종으로 가짜 밀이라고 불리기도 합니다. 이 가라지는 좋은 씨앗과 함께 자랍니다. 그런데 가라지가 좋은 씨앗보다 더 잘 자랍니다. 이것은 이 세상에는 선과 악이 함께 병존한다는 것을 보여줍니다. 동시에 악한 것이 선한 것보다 영향력이 더 커서 더 빨리 더 크게 더 넓게 퍼져나간다는 것을 보여줍니다.

1) 교회 안에도 알곡과 가라지가 병존합니다.

언제 가라지를 뿌리고 갔습니까? 성경은 잠자고 있을 때 뿌리고 갔다고 했습니다. "사람들이 잘 때에 그 원수가 와서 곡식 가운데 가라지를 덧뿌리고 갔더니"(마태복음 13:25).

그 당시 로마 사회에서는 원수에게 보복하기 위해 상대방의 밭에 가라지와 같은 잡초를 뿌리고 가는 일을 막기 위해서 법으로 제정하기도 했다고 합니다.

잠을 잔다는 것은 농부가 태만하여 짐을 졌다는 말이 아니라, 농부가 휴식을 취하고 있는 시간에 슬그머니 와서 원수가 악을 저지르는 절호의 기회를 말합니다. 악마는 우리가 모르는 사이에 와서 가라지를 뿌리고 갑니다. 악의 세력은 주로 밤에 활동합니다. 사람들이 일하지 않고 휴식을 취하고 있는 시간에 가만히 와서 활동합니다. 사탄은 교회 안에도 슬그머니 들어와서 악한 씨앗을 뿌립니다. 영이 어두워졌을 때, 영적으로 졸고 있을 때 들어옵니다.

하나님의 교회 안에도 사탄이 거짓과 위선과 외식의 씨앗을 뿌리고 갈 때가 종종 있습니다. 언제 들어왔는지 흔적도 없이 행하고 갈 때가 많습니다. 사탄은 쉽사리 그의 본 모습을 나타내지 않습니다. 마치 양의 가죽을 쓴 이리처럼 기도도 잘하고 성경도 잘 알고 헌금도 잘 하고 봉사도 합니다. 그러나 사탄에 의해 조종을 받고 움직입니다.

그러나 본질은 다릅니다. 알곡과 가라지는 그 뿌리가 다릅니다. 알곡은 알곡이고 가라지는 어디까지나 가라지일 뿐입니다. 자라기는 알곡과 함께 자라지만 선은 선으로, 악은 악으로 자랍니다. 비슷한 것 같으나 알곡은 알곡으로 자라고 가라지는 가라지로 자랍니다.

2) 처음에는 구별하기가 힘듭니다.

벼의 뿌리는 붉고 가라지인 피의 뿌리는 하얗습니다. 땅속에 묻혀 있으니 알 수가 없습니다. 그러나 현상은 비슷하나 본질은 다릅니다.

오히려 가짜가 진짜보다 더 아름답고 더 찬란하게 보일 수 있습니다. 더 열심히 하는 것 같고 더 선심을 잘 쓰는 것 같아 보입니다. 그러나 그것은 전부 위장된 것이며 가짜입니다. 본심은 따로 있습니다. 이단에 빠진 자들의 특성이 이렇습니다. 친절하게 잘해 주게 되면 나중에는 진리와 거짓을 혼돈하고 빠져 버리고 맙니다. 우리는 조심해야 합니다.

3) 가라지의 특징이 있습니다.

① 알곡의 영양을 빼앗고 햇볕을 받지 못하게 해서 죽이는 것입니다.

교회 안에도 우리의 마음 속에도 알곡과 가라지가 같이 자랄 수 있습니다. 그런데 가라지가 자라면 알곡은 시들고 병들어 결국은 말라 죽어버리고 맙니다.

성도 여러분, 우리 자신을 살펴봅시다. 나의 심령의 밭은 어떠합니까? 가라지가 자라고 있지는 않습니까? 가라지가 기승을 부리고 있지는 않습니까? 가라지가 세력을 장악하고 있지는 않습니까? 가라지를 키우고 있지는 않습니까? 이것은 중요한 문제입니다. "나의 신앙이 성장하느냐? 아니면 시들어 죽고 마느냐?" 하는 문제입니다. "내 영혼이 사느냐? 아니면 죽느냐?" 하는 문제입니다. 이것은 조그만 가라지에 달려있습니다.

그러므로 성도 여러분, 우리는 우리의 심령 밭에 가라지가 뿌리를 내리지 못하도록, 우리의 마음을 지배하지 못하도록 끊임없이 영적 진단을 내리고 깨어 있는 성도가 됩시다.

② 가라지는 생활 속에서 나타납니다.
성경은 말씀합니다. "싹이 나고 결실할 때에 가라지도 보이거늘"(마태복음 13:26).

가라지는 처음에는 그 모습을 드러내지 않습니다. 그러나 결실의 계절에는 그 모습을 더 이상 숨기지 못하고 드러낼 수밖에 없습니다. 추수 때는 영적으로 최후의 심판을 말합니다. 이때는 악의 세력과 죄악이 극에 달합니다. 지금은 하나님의 빛의 자녀들이 고난을 당하는 시절입니다. 그러나 주님의 심판대 앞에 선 의로운 백성은 의의 면류관을 받습니다. 반면에 가라지인 악의 세력은 무서운 심판을 받습니다. 가라지는 생활 속에서 그 모습을 나타냅니다. 말에도 생각에도 생활 속에서도 그 열매를 보면 알 수 있습니다. 가라지 인생은 거짓말을 잘합니다. 악담하고 원망하고 불평을 잘합니다. 그리고 시기와 위선으로 가득합니다. 가라지의 생활 속의 열매는 바로 "우상 숭배와 술수와 원수를 맺는 것과 분쟁과 시기와 분냄과 당짓는 것과 분리함과 이단과 투기와 술 취함과 방탕함과 또 그와 같은 것들"(갈라디아서 5:20-21)입니다. 그러므로 우리는 경계해야 합니다. 왜냐하면 이 가라지와 같은 사람은 하나님의 나라를 유업으로 받지 못할 것이기 때문입니다.

그러나 하나님의 백성은 항상 성령의 인도함을 받고 거룩한 생활로 나타나야 합니다. 성경은 말씀합니다. "너희가 하나님의 성전인 것과 하나님의 성령이 너희 안에 거하시는 것을 알지 못하느뇨"(고린도전서 3:16). 하나님의 백성은 생활 속에서 거룩한 열매를 나타내어야 합니다.

그러면 거룩한 열매는 무엇입니까? 바로 성령의 열매입니다. "오직 성령의 열매는 사랑과 희락과 화평과 오래 참음과 자비와 양선과 충성과 온유와 절제니"(갈라디아서 5:22-23).

우리는 우리의 삶 속에서 거룩한 성령의 열매를 맺어야 합니다.

③ 가라지는 하늘나라보다 이 세상을 더 좋아합니다.
하나님의 백성은 천국을 소망합니다. 그래서 항상 즐겁고 감사합니다. 저 높은 곳을 향하여 나아갑니다. 위엣 것을 바라며 삽니다.

그러나 가라지 인생은 항상 이 세상의 것에만 초점을 맞춥니다.

우리는 알아야 합니다. 이 세상의 것은 항상 유동적이고 일시적이고 변화합니다. 따라서 이 세상의 것만을 목표로 살아가는 가라지와 같은 인생은 자연적으로 처세술에 능란합니다. 위선적이며 거짓말을 잘하고 진실성이 없습니다. 그리고 교만하고 교활합니다.

그러면 우리의 초점은 어디에 두어야 합니까? 이 세상이 아니라 하나님의 나라에 두어야 합니다. 이 세상의 재물이 아니라 바로 모든 보화의 주인이신 하나님에게 두어야 합니다.

성도 여러분, 우리는 알곡된 백성들로 이 세상보다는 천국을, 재물보다는 하나님을, 세상 이야기보다는 성경을, 거짓보다는 진실을 목표로 살아가는 성도가 됩시다.

2. 그러면 왜 이 가라지를 빨리 제거하지 않습니까?

종들이 와서 주인에게 보고합니다. "집주인의 종들이 와서 말하되 주여 밭에 좋은 씨를 심지 아니하였나이까 그러면 가라지가 어디서 생겼나이까 주인이 가로되 원수가 이렇게 하였구나 종들이 말하되 그러면 우리가 가서 이것을 뽑기를 원하시나이까 주인이 가로되 가만 두어라 가라지를 뽑다가 곡식까지 뽑을까 염려하노라"(마태복음 13:27-29).

여기에서 '가만 두어라'는 말은 그대로 가만히 두고 지켜보도록 하라는 의미입니다. 이 세상의 악의 세력에 대한 주님의 지혜롭고 여유 있는 태도입니다. 그러나 악을 그대로 방치하거나 악의 근절을 포기한다는 말씀이 아닙니다.

종들은 어떻게 해서 가라지가 좋은 씨앗들과 함께 자라는지를 몰랐습니다. 다르게 말하면 "하나님께서 좋은 세상을 창조하셨는데 어떻게 악이 이 세상에 들어왔는가?, 하나님께서 거룩한 교회를 세우셨는데 어떻게 악한 자들이 교회에 들어왔는가?" 하는 물음과 같습니다.

그러나 사실 악은 존재합니다. 악은 우리 인간의 생명과 삶 속에 유형으로 또는 무형으로 부정적인 실재로 영향을 미칩니다. 그러나 모든 악은 마지막 심판의 날에 그리스도에 의해 완전히 멸망당하게 됩니다.

종들이 주인에게 가라지를 뽑아 버리자고 하자 주인의 반응은 달랐습니다. 주인의 반응은 기다려라, 추수 때까지 내버려두라는 것입니다. 분명 가라지와 알곡이 함께 자라면 알곡이 손해를 보는 것은 당연합니다. 가라지는 양분을 빼앗고 성장하는 것을 방해합니다. 그러나 주인은 기다리라고 하셨습니다.

우리도 종들처럼 하나님께 질문할 수 있습니다.-하나님, 이 악한 자들을 왜 빨리 제거해 버리지 않습니까? 왜 빨리 죄인들을 심판하지 않습니까? 왜 우리에게는 빨리 축복하시지 않습니까? 빨리 병을 고쳐주시지 않습니까? 왜 사업을 빨리 성공시켜 주지 않습니까?

1) 하나님께서 가라지를 빨리 제거하지 않으시는 것은 우리에게 인내가 필요하기 때문입니다.

하나님 나라의 백성은 인내심이 필요합니다. 그런데 오늘날 우리는 너무 급하고 인내심이 없습니다. 모두가 다 급합니다. 기다릴 줄 모르는 세상입니다.

그래서 즉석에서 빨리 되는 것들이 많이 나와 인기를 얻고 있습니다. 1분 라면, 즉석 카레, 즉석 자장면, 즉석 단팥죽, 1분 현상·자동차도 기다릴 줄 모르고 빨리 달리다가 속도 위반을 합니다. 요사이는 눈썹 화장도 매일 하기가 귀찮고 불편하다고 아예 문신을 새겨 영구적으로 그리지 않아도 되는 세상이 아닙니까? 태아는 10개월 동안 어머니의 자궁 안에 갇혀 있어야 세상에 나오는 줄 알았습니다. 그런데 요사이는 이것도 힘들다는 이유로 산모들이 조금이라도 빨리 해산하려고 합니다.

성도 여러분, 생명을 만드는데는 시간이 걸립니다. 알곡을 만드는데도 시간이 걸립니다. 인격적인 관계를 만드는데도 시간이 걸립니다. 사람과 사람이 사귀는데도 시간이 걸립니다. 우리의 신앙이 성장하는데도 시간이 걸립니다.

우리가 전도한 사람들이 열심히 신앙생활을 잘 하는 가운데 신앙이 잘 자라고 있습니다. 이것을 볼 때에 얼마나 기쁘고 아름답습니까? 그러나 인내가 필요합니다. 왜냐하면 생명은 시간이 걸리기 때문입니다. 우리는 때를 기다릴 줄 알아야 합니다. 봄에 뿌린 씨앗은 여름을 보내고 가을이 되어야 추수를 합니다. 우리 영혼의 생명도 인내하며 기다릴 줄 알아야 성숙합니다.

하나님을 믿는 성도들도 인내심이 부족한 것을 인정해야 합니다.

종들은 주인에게 빨리 가라지를 제거하자고 주장했습니다. 교회에서도 정화를 주장하고 개혁을 주장합니다. 물론 교회는 죄악을 멀리하고 권징도 실시해야 합니다. 교회는 성결을 유지해야 합니다. 그러나 함부로 정죄하고 저주해서는 안 됩니다. 왜냐하면 심판의 때가 있기 때문입니다. 그때까지는 기다려야 합니다. 하나님이 주시는 가장 적당한 때에 행해야 합니다. 사람이 앞서서 정죄하고 심판해 버리면 그것은 하나님의 자리를 찬탈해 버리는 죄를 범할 수 있기 때문입니다.

우리는 죄를 미워합니다. 그러나 죄인은 사랑해야 합니다. 재판장은 주님이십니다. 우리는 죄를 탕감받은 인생입니다. 우리 주님은 인내하셨습니다. 그것은 주님의 백성인 알곡을 보호하기 위해서입니다. 가라지를 뽑다가 알곡이 다칠까봐 기다리게 하신 것입니다.

'곡식까지 뽑을까 염려하노라'에서 악인을 당장 멸하지 않는 이유는, 곡식 하나 하나에 애정을 가지신 주님의 염려 때문입니다. 가라지는 곡식보다 뿌리가 더 강하기 때문에 가라지를 뽑을 때는 종종 어리고 약한 곡식과 함께 뽑힙니다. 따라서 주님은 혹 가라지보다 알곡이 다치지나 않을까 여기에 더 관심을 가지고 계십니다.

우리 하나님은 악인 100명보다 의인 한 사람을 더 귀하게 보십니다. 하나님의 백성을 다치게 하시길 기뻐하지 않으십니다. 가라지는 자라난다 해도 가라지일 뿐입니다. 우리 주님은 하나님의 선민을 보호하시기 위해 결국 그의 백성의 유익을 위해 기다리고 인내하게 하신 것입니다.

이 가라지 비유에서 중심은 가라지가 아니라 알곡입니다. 주님은 그의 백성들을 끝까지 보호하고 지키기를 원하십니다. 성경은 말씀합니다. "내가 저희에게 영생을 주노니 영원히 멸망치 아니할 터이요 또 저희를 내 손에서 빼앗을 자가 없느니라 저희를 주신 내 아버지는 만유보다 크시매 아무도 아버지 손에서 빼앗을 수 없느니라"(요한복음 10:28-29), "나를 보내신 이의 뜻은 내게 주신 자 중에 내가 하나도 잃어버리지 아니하고 마지막 날에 다시 살리는 이것이니라"(요한복음 6:39).

성도 여러분, 주님은 그의 백성을 결코 버리지 아니하십니다. 주님은 그의 백성들을 끝까지 보호하시고 지켜주신다는 사실을 믿고 끝까지 인내할 줄 아는 주님의 알곡들이 되시기를 바랍니다.

2) 주님은 우리를 연단시키기 위해 기다리게 하십니다.

알곡이 가라지와 함께 자라면 많은 괴로움을 받습니다. 그러나 그 어려움을 통해서 연단을 받습니다. 하나님의 백성들이 신앙 성장을 하려면 고생을 해봐야 성장이 됩니다. 고생을 통해서 강하게 자라고 환난을 통해서 순수한 믿음으로 성장하게 됩니다.

청년들이 군에 입대하면 비록 힘들고 어려워도 많은 것을 배우고 성장하게 됩니다. 가정과 교회에서 신앙생활을 잘 하던 청년들이 군에 들어가면 육체적 정신적으로 많은 어려움이 있습니다.

저의 경우도 가정과 교회에서 신앙 생활을 하다가 군에 들어가니 처음에는 아주 적응하기가 힘들었습니다. 얼마나 욕을 많이 하는지 머리가 어지러울 정도였습니다. 팔도 강산의 사투리를 다 들어야 하고, 각양각색의 인생 종류들이 다 모였습니다. 인성이 각각 다른 사람들 속에서 이 세상이 어떤 것인지를 배웠습니다. 매도 맞고 기합도 받아보고 힘든 유격훈련도 해 보았습니다. 그러니 힘은 들어도 담력이 생기게 되었습니다. 교회에 가려고 기합을 받아보니 신앙의 자유가 얼마나 소중한지도 깨닫게 되었습니다. 보초는 낮에는 두 시간, 밤에는 한 시간을 서게 됩니다. 간혹 새벽 2-3시 사이에 보초를 설 때가 있습니다. 그런데 고참이 교대해야 할 시간인데도 오지 않으면 그날은 날이 밝을 때까지 총을 들고 혼자서 보초를 서야했습니다. 한번은 아침 9시에 보초를 섰는데 아무도 교대를 해 주지 않아 오후 5시까지 서 있은 적도 있습니다. 그렇다고 도망을 갈 수도 없습니다. 그러나 거기에서 배운 것이 있습니다. 바로 인내, 연단 하는 것입니다.

하나님의 백성은 우리를 방해하고 괴롭히는 가라지와 함께 살아야만 합니다. 가라지를 피해서 지구를 뛰쳐나가거나 떠날 수도 도망칠 수도 없습니다. 고난도 받아야 하고 인내도 해야 합니다. 왜 주님이 그렇게 하십니까? 그것은 연단받게 하기 위해서입니다.

성경은 말씀합니다. "우리가 환난 중에도 즐거워하나니 이는 환난은 인내를, 인내는 연단을, 연단은 소망을 이루는 줄 앎이로다"(로마서 5:3).

성도 여러분, 주님은 지금 우리에게 연단을 주십니다. 잘 인내하고 연단받아 주님의 시간까지 기다려서 귀하게 쓰임받고 열매맺는 성도가 됩시다.

3) 왜 가라지를 제거하지 않습니까?

회개하고 돌아오기를 기다리시기 때문입니다.

교회는 죄인들이 모이는 곳입니다. 그러니 문제를 가진 사람들이 많을 수밖에 없습니다. 교회에는 의인들이 찾아오지 않습니다. 죄인들이 찾아와 변해 새 사람이 되고 의인이 되는 곳이 교회입니다. 그러므로 교회 안에는 아직도 가라지와 비슷한 사람들이 있을 수가 있습니다. 알곡 중에도 가라지 모습을 가지고 있는 사람도 있을 것입니다. 아직도 옛 습관을 버리지 못하고 거짓말이나 시기도 하고 외식도 합니다. 기도하는 척 하기도 하고 봉사하는 척도 할 수 있습니다. 그런데 왜 제거하지 않습니까? 그것은 이 사람들이 예수님을 믿고 회개하고 변하기를 기다리고 계시기 때문입니다.

성도 여러분, 우리는 예수님께서 세상에 계실 때 죄인들과 세리들과 창기들과 죄인들의 친구가 되어주시고, 같이 음식을 잡수시고 교제하신 것을 알 수 있습니다. 예수님은 그들의 죄를 용서해 주셨습니다.

예수님은 세리장 삭개오가 회개하고 변화할 때 말씀하셨습니다. "인자의 온 것은 잃어버린 자를 찾아 구원하려 함이니라"(누가복음 19:10). 주님은 말씀합니다. "수고하고 무거운 짐진 자들아 다 내게로 오라 내가 너희를 쉬게 하리라"(마태복음 11:28).

성도 여러분, 우리 주님은 죄인들이 회개하기를 기다리십니다. 가라지가 회개하고 알곡이 되기를 기다리십니다. 그리고 아직도 세상에서 가라지로 살아가고 있는 불쌍한 우리의 친구들, 이웃들, 형제들이 회개하고 돌아오기를 기다리십니다. 우리의 사명이 여기에 있습니다. 우리는 복음을 전해야 합니다.

성도 여러분, 우리 모두 나 자신을 살펴봅시다. "나에게는 혹 가라지의 모습은 없는가? 가라지와 비슷한 흉내를 내고 있지는 않는가? 가라지의 길을 가고 있지는 않는가?"

우리 주님은 가라지가 회개하고 돌아오길 원하십니다. 우리 모두 우리에게 가라지와 비슷한 요소들을 다 제거하고, 날마다 회개하는 삶을 통해서 알곡과 같은 성도가 됩시다.

3. 심판이 있습니다.

심판의 시기가 옵니다. "둘 다 추수 때까지 함께 자라게 두어라 추수 때에 내가 추수꾼들에게 말하기를 가라지는 먼저 거두어 불사르게 단으로 묶고 곡식은 모아 내 곳간에 넣으라 하리라"(마태복음 13:30).

추수 때는 심판의 때입니다. 그러므로 추수 때까지 곡식과 가라지를 그대로 두고 자라게 하다가 나중에 가라지를 베어서 불태워 버립니다. 그때까지는 가만히 내버려두었다가 고개를 숙인 알곡은 그대로 곳간으로 들이고, 고개를 빳빳하게 들고 있는 가라지만 잘라버리면 아주 쉽습니다. 겸손히 고개 숙인 알곡은 곳간에 들어가고, 교만하여 아직도 죄악의 습관을 그대로 가지고 있는 가라지는 인내의 기간이 다 끝난 후에 잘라 불태웁니다. 이것이 심판입니다.

세상의 마지막이 되면 악한 마귀는 결박하여 불 속에 던져 버릴 것입니다. 먼저 악의 우두머리인 마귀를 잡아서 결박하시고, 그의 추종자들도 다같이 심판하십니다. 그 후에 하나님은 그의 백성인 알곡들을 모두 영원한 하나님의 나라인 천국으로 인도하십니다.

이제 만물의 마지막은 다가오고 있습니다. 그 날짜와 시간은 하나님 아버지만 아십니다. 그때 하나님의 아들들인 천사들은 선한 자와 악한 자를 구별할 것입니다. 불법을 행한 자들은 풀무불, 즉 지옥에 떨어져 이를 갈이 있을 것입니다. 반면 의인들, 즉 하나님의 백성들은 아버지 나라에서 해와 같이 빛날 것입니다.

성경은 말씀합니다. "이를 기이히 여기지 말라 무덤 속에 있는 자가 다 그의 음성을 들을 때가 오나니 선한 일을 행한 자는 생명의 부활로 악한 일을 행한 자는 심판의 부활로 나오리라"(요한복음 5:28-29), "지혜 있는 자는 궁창의 빛과 같이 빛날 것이요 많은 사람을 옳은데로 돌아오게 한 자는 별과 같이 영원토록 비취리라"(다니엘 12:3), "내 이름을 경외하는 너희에게는 의로운 해가 떠올라서 치료하는 광선을 발하리니 너희가 나가서 외양간에서 나온 송아지같이 뛰리라"(말라기 4:2).

마지막날은 다가옵니다. 그때 모든 사람은 심판장 되신 주님 앞에 서게 될 것입니다. 모든 사람은 둘 중 하나의 신분으로 서게 됩니다. '가라지냐? 알곡이냐?', '가라지처럼 영원한 불못에 던짐을 받느냐? 아니면 알곡처럼 귀한 보배와 같이 하나님 나라의 곳간에 들어가느냐? 둘 중의 하나가 될 것입니다.

우리는 귀한 알곡으로 영광스러운 하늘나라 곳간에 들어가야 합니다.

영국의 어느 시골에 남의 집에서 일하는 믿음이 좋은 메리 존스라는 처녀가 있었습니다. 그녀는 푼푼이 돈을 모았습니다. 그 목적은 한가지 꿈을 이루기 위한 것이었습니다. "제 평생 소원은 성경을 갖는 것입니다. 그것을 사기 위해서 돈을 모으고 있습니다." 마침내 메리 존스는 성경을 살만큼 돈을 모아 무려 40km(약 100리 길)를 달려가 성경을 구입했습니다. 성경을 팔았던 사람은 그녀의 순수한 믿음과 성경을 사랑하는 마음에 감동했습니다. 그래서 그 이야기를 많은 사람들에게 했습니다. 영국의 기독교인들이 이 소식을 듣고 성경을 저가로 구입할 수 있는 기관을 설립하기 위해 모금 운동을 벌였습니다. 그 결과 영국의 「성서공회」가 설립되었습니다. 한 소녀의 작은 믿음과 성경을 사랑하는 열정이 전 세계에 성경을 보급하는 운동을 펴는 유명한 「성서공회」를 탄생시킨 것입니다. 그녀는 알곡과 같은 신앙인입니다.

사랑하는 성도 여러분!

우리도 알곡 신앙인으로 열매를 맺어야 합니다. 주님을 향한 열정을 가져야 합니다.

세상의 모든 것은 다 변합니다. 그러나 하나님의 말씀은 영원토록 불변하며 일점일획도 남김 없이 다 이루어집니다.

우리 모두 마귀가 틈을 타지 않도록 영적 잠에 빠지지 맙시다. 그리고 항상 깨어서 날마다 각성하고 인내하면서 말씀 안에서 성장하고 연단 받아 많은 열매를 맺는 알곡이 되어, 영원한 하나님 나라의 곳간에 들어갑시다. 거기에서 주님의 영접을 받고 해와 같이 빛나는 승리의 삶을 사는 성도가 됩시다. 아멘.

천국과 겨자씨

³¹또 비유를 베풀어 가라사대 천국은 마치 사람이 자기 밭에 갖다 심은 겨자 씨 한 알 같으니 ³²이는 모든 씨보다 작은 것이로되 자란 후에는 나물보다 커서 나무가 되매 공중의 새들이 와서 그 가지에 깃들이느니라

(마태복음 13:31-32)

천국과 겨자씨

 우리가 살고 있는 부산이 어떤 곳이냐고 물으면 무엇이라고 말할 수 있겠습니까? 인상에 남는 것, 또는 기억할 만한 곳을 이야기하라면 어떻게 무엇이라고 말할 수 있습니까? 사람에 따라 해운대, 자갈치, 태종대, 광안대교 등을 말할 수 있을 것입니다.

 예수님은 천국에 대해 제자들에게 여러 가지 비유로 설명합니다. '천국은 씨앗을 뿌리는 것과 같다. 천국은 알곡과 가라지와 같다. 천국은 겨자씨와 같다.' 주제는 천국입니다.

겨자씨는 씨앗 중에서 가장 작은 씨앗으로 알려져 있습니다. 겨자씨는 배추과 일년생, 또는 이년생 풀로서 씨가 많고 향기롭기 때문에 양념과 약재로 사용하고, 잎과 줄기는 식용으로 사용됩니다. 식물학상으로 먼지와 같은 편백이라는 씨앗이 발견되었다고 하며 예수님 당시에는 겨자씨가 가장 작은 씨앗으로 통했습니다.

겨자씨가 다른 씨앗에 비해 작은 것이나 생장력이 대단하여 보통 1m 정도로 크게 자랍니다. 특히 팔레스틴에서는 약 3m 정도로 자라 마치 나무처럼 무성하기도 합니다. 그래서 유대인들은 그것을 정원수로 심기도 했다고 합니다.

예수님께서 천국에 대해 겨자씨를 비유로 설명하신 의미는 무엇입니까? 우리는 겨자씨 비유를 통해서 천국에 대해 무엇을 설명하시는지 알아야겠습니다.

1. 하나님의 나라는 처음에는 작으나 나중에는 크게 자란다는 뜻입니다.

겨자씨는 너무 작아서 사람의 눈에 잘 드러나지 않지만 나중에는 크게 자랍니다. 우리 기독교가 바로 이와 같습니다. 복음이 처음에는 겨자씨처럼 미미하게 보이지만 이것이 크게 발전되어서 세계를 정복합니다. 기독교의 시작은 아주 미미하고 초라하게 시작되었습니다. 그러나 지금은 전 세계를 정복했습니다.

천국은 예수님이 이 세상에 오심으로 시작되었습니다. 예수님은 아무도 알아주지 않는 베들레헴 마구간에서 초라하게 탄생하셨습니다. 중동지방의 마구간은 지붕이 없이 벽만을 막아 노새를 매어둔다고 합니다. 하늘의 별이 보이는 마구간입니다. 그리고 헤롯왕을 피하여 애굽으로 피난 하셨고, 돌아와서 나사렛이란 촌 동네에서 자라셨습니다. 예수님은 이스라엘의 수도인 대도시 예루살렘에서 생활하지 않으셨습니다.

예수님의 사역도 아주 초라하게 시작되었습니다. 예수님은 12제자들을 부르셨는데 그들의 출신들이 어떻습니까? 어부, 시골 사람, 무식한 사람, 성격적으로 문제가 있는 사람들 등, 지극히 평범한 서민들이었습니다. 숫자도 겨우 12명이었습니다. 천국 운동을 시작하는 사람들로는 너무도 미미했습니다. 마치 겨자씨와 같았습니다. 그러나 그들은 가슴에 복음을 품고 전 세계 역사를 바꾸어 놓았습니다.

중세기 암흑시대에 사회와 교회는 부패하고 타락했습니다. 이때 미미한 수도승 한 사람이 1517년 10월 31일 독일 위텐베르그 교회당 문 앞에 95개 조항의 항의문을 내걸고 종교개혁의 횃불을 치켜들었습니다. 제1조항에 우리의 주인 되시는 예수 그리스도께서 '너희는 회개하라'고 말씀하시는 것은 이 지상에 있는 주를 믿는 모든 신자들의 전 생활이 끊임없이 회개해야만 한다는 것을 말씀하는 것입니다.

복음은 처음에는 미미한 겨자씨와 같았습니다. 당대 세계 최대의 도시요, 로마 카톨릭의 본산은 로마가 아닌 조그만 시골도시에 불과했습니다. 역사적인 장소인 교회도 로마 교황청이 수만 명이 모일 수 있는 성 베드로 성당이 아니었습니다. 불과 수백 명이 모일 수 있는 허름한 시골의 교회였습니다. 그러나 겨자씨와 같이 미미하게 보였던 종교개혁은 전 유럽, 전 세계의 사회, 문화, 생활, 역사를 변화시켰습니다.

하나님의 복음운동은 아주 연약하고 힘이 없어 보이나 나중에는 큰 역사가 나타납니다. 우리나라에 어떻게 복음이 전달되었고, 어떻게 교회가 세워지고 부흥되었습니까? 당시 우리나라는 유교 문화가 너무도 강했고, 정부는 외세를 배격하는 쇄국정책을 펴고 있었습니다. 그래서 외국의 선교사가 감히 들어올 엄두도 못내고 있었습니다. 이때 중국 만주에 있는 조선과 중국의 국경지역인 고려문에 존로스 목사와 매킨타이어 목사가 한국에 복음을 전할 기회를 찾고 있었습니다. 마침 새로운 학문을 추구하던 유생 서상륜을 비롯한 5명의 한국 청년들을 만나 은밀하게 복음을 전하기 시작했습니다. 그리고 그들에게 세례를 베풀게 되었고 한국어로 성경 번역 작업을 시작했습니다. 그것이 바로 「예수셩교셩서」로 마태복음과 마가복음입니다. 이것이 최초의 한국어 성경입니다. 그리고 이 청년들은 번역된 성경을 짊어지고 생명의 위험을 무릅쓰고 국경을 넘어 전파하기 시작했습니다. 그러다가 국경에서 붙잡혀 감옥에 갇히고 말았습니다. 그러나 절친한 사람의 도움으로 밤중에 도망을 가서 꽁꽁 언 압록강을 건너 한국 땅에 도착했습니다. 그리하여 황해도 소래 지방에 한국 최초의 교회를 설립하게 되었고, 집안 식구들로부터 전도사역을 시작하여 복음은 점점 더 확산되어 갔습니다. 이 교회는 선교사가 들어와서 세우기 전에 먼저 우리 한국교회 성도들이 교회를 세운 것입니다. 이것이 바로 겨자씨 운동입니다.

그후 1885년 4월 5일 인천 제물포항으로 미국의 선교사 언더우드와 아펜젤러 부부가 최초의 개신교 선교사로 한국에 도착했습니다. 그들은 배를 타고 먼 곳에서 조용한 아침의 나라, 우상과 미신으로 가득하고 나라의 국력이 쇠퇴하여 외세들의 위협을 받고 있는 조선 땅에 도착하게 되었습니다. 그것도 부활절 아침에. 이 얼마나 감격했겠습니까? 이들이 제물포항에 도착할 때에 있었던 여러 가지 에피소드가 전해져 내려옵니다. '누가 먼저 이 땅에 발을 디딜 것인가? 이 역사적인 선교의 대륙에 누가 먼저 발을 디딜 것인가? 아주 의미가 있다고 볼 수 있습니다. 그런데 언더우드는 장로교 목사였고, 아펜젤러는 감리교 목사였습니다. '장로교 목사가 먼저 내릴 것인가? 아니면 감리교 목사가 먼저 내릴 것인가?' 이때 장로교 목사인 언더우드가 먼저 내렸습니다. 감리교 아펜젤러가 먼저 내렸다는 말도 있고, '가위 바위 보'를 해서 장로교 선교사인 언더우드가 먼저 내렸다는 말도 있습니다. 그리고 사이 좋게 두 손을 잡고 같이 내렸다는 말도 있는가 하면, 서양 사람들은 'lady first'이므로 숙녀가 먼저 내리도록 양보했다는 이야기도 있습니다. 그러나 언더우드가 성격이 급해서 먼 이 땅을 밟아보고 싶어서 앞서 내리는 바람에 장로교가 감리교보다 크게 부흥 되었다고 하는 우스개 말도 있습니다.

아무튼 이 부활절 아침에 인천항에 복음을 들고 내린 서양 선교사들을 누가 눈여겨 보았겠습니까? 그들은 마치 겨자씨와 같은 자들이었습니다. 그러나 그들은 이 땅에 얼마나 위대한 일을 이루어 놓았습니까? 그들은 많은 교회와 많은 학교를 세웠습니다. 많은 인재를 배출했습니다. 언더우드 목사가 세운 대표적인 학교가 바로 연세대학교입니다. 겨자씨가 큰 나무로 자랐습니다.

우리 예수님께서 왜 제자들에게 씨뿌리는 비유를 말씀하신 후에 겨자씨 비유를 말씀하셨습니까? 씨뿌리는 비유에서 열매를 맺는 밭은 옥토 밭 뿐이었습니다. 길가 밭, 돌짝 밭, 가시 밭은 열매가 없고 오직 옥토에 떨어진 씨앗만이 열매를 맺었습니다. 열매를 맺는 확률은 4분의 1입니다. 그 만큼 열매를 맺을 확률은 낮다는 말입니다. 예수님은 복음을 전하는 제자들이 열매가 없을 때 낙심될 것을 미리 내다보셨습니다. 그래서 낙심하지 말라고 겨자씨 비유로 말씀하신 것입니다.

겨자씨는 작고 미미한 것입니다. 처음에는 열매가 없고 소망이 없어 보입니다. 그러나 이 작은 씨앗이 자라서 큰 나무가 되고 그곳에 새가 깃들게 됩니다. 그러므로 낙심하지 말라는 것입니다.

예수님은 제자들에게 너희가 하는 천국 복음 운동이 처음에는 겨자씨처럼 미미하게 시작되나 나중에는 크게 자란다는 것을 보여주기 원하셨습니다.

개척교회를 시작하면 처음에는 적은 수가 모여 시작합니다. 그러나 나중에는 큰 교회로 성장하게 됩니다. 이것이 겨자씨 운동입니다. 교회 안의 기도 운동도 처음에는 몇 사람이 시작하다가 나중에는 많은 사람이 참여하게 되고, 온 교회가 뜨겁게 기도하게 됩니다. 이것이 겨자씨 운동입니다. 성경공부도 처음에는 적은 무리가 시작하게 되나 나중에는 점점 확산되어 많은 성도들이 참여하게 되고, 이들은 교회를 변화시키며 성숙한 성도로 자라게 됩니다. 이것이 겨자씨 운동입니다. 한 사람이 복음을 받으면 온 집안이 예수를 믿게 되어 온 집안

식구들을 변화시키는 역사가 일어납니다. 이것이 겨자씨 운동입니다.

밀양 무안에서 몇 명의 성도가 교회를 세웠습니다. 신생교회라고 이름 붙였습니다. 그곳은 유교 세력이 아주 강한 곳이어서 많은 핍박이 따랐습니다. 그러나 그곳에 보잘것 없어 보이는 겨자씨 운동이 시작되었습니다. 유교 세력은 극심한 반대를 했습니다. 괭이, 곡괭이, 낫을 들고 밤낮으로 몰려왔습니다. 그런 가운데 세월이 흘러갔습니다. 40년이 지난 후에 보니 그 마을 76세대 가운데 교인이 없는 집이 없고, 전 주민의 90%가 예수님을 믿는 기독신자가 되었습니다.

성도 여러분, 우리의 복음운동은 겨자씨 운동과 같아서 비록 우리가 보기에는 빨리 성장하지 않는 것처럼 보입니다. 그러나 결국은 새가 자라서 깃들이는 큰 나무로 성장하게 되듯이 많은 영혼이 주님의 교회로 나와서 영생과 안식을 얻고 생명이 자라는 큰 역사가 일어납니다.

그러므로 우리는 우리의 가정에, 우리가 사는 이 부산 땅에, 우리 민족에게, 그리고 전 세계에 주님의 복음이 확산되어, 많은 영혼을 구원하는 생명의 역사가 일어나기를 소망하며 기도하는 성도가 됩시다.

2. 생명은 자라야 합니다.

겨자씨는 아주 작은 씨앗입니다. 그러나 이 작은 씨앗이라도 살아 있으면 성장하기 마련입니다. '문제는 살았느냐? 죽었느냐? 입니다. 그리고 '그것이 자라느냐? 자라지 않느냐?'에 달렸습니다. 아무리 작은 것이라도 생명이 있으면 귀중한 것입니다. 아무리 거대한 나무라도 생명이 없으면 죽은 것이요 무가치합니다.

통도사나 불국사와 같은 큰 사찰에는 입구에 깜짝 놀랄 만큼 거대한 것이 서 있습니다. 그것은 사천왕으로 눈을 부라리고 손에 무기를 든 채 험상궂은 모습으로 노려보고 있습니다. 죄를 많이 지은 사람은 그것을 바라보는 순간 오싹한 느낌을 받을 것입니다. 그런데 아무리 위협하고 무기를 들고 폼을 잡고 있어도 그것은 아무런 힘이 없습니다. 왜냐하면 그것은 생명이 없기 때문입니다. 그것은 사람이 손으로 만든 조각품에 불과합니다. 생명이 없으니 물론 성장도 없습니다. 범어사나 해인사 같은 큰 절간의 대웅전에 있는 불상은 금으로 찬란하게 조각하여 세워 놓았으나 그것 역시 생명이 없습니다. 속리산 법주사의 미륵불이나 대구 동화사의 미륵불상은 얼마나 웅장합니까? 그런데 그 머리에는 벼락을 맞지 않도록 피뢰침을 장치해 놓았습니다. 생명이 있는 존재가 아니라는 증거입니다. 생명이 없다고 하는 것은 죽은 것입니다.

그러나 아무리 작은 것이라 할지라도 생명이 있으면 거기에는 성장하는 역사가 일어납니다.

아무도 알아주지 않는 조그만 오두막집에 살아도 감사와 기쁨이 있고 소망이 있으면 그곳은 이미 겨자씨 운동이 시작된 것입니다. 생명의 역사, 성장의 역사가 진행되고 있는 것입니다. 생명이 있는 조그만 오두막집 안에서 이런 찬양이 흘러나옵니다.

1. 내 영혼이 은총 입어 중한 죄 짐 벗고 보니
   슬픔 많은 이 세상도 천국으로 화하도다

2. 주의 얼굴 뵙기 전에 멀리 뵈던 하늘나라
   내 맘 속에 이뤄지니 날로 날로 가깝도다

3. 높은 산이 거친 들이 초막이나 궁궐이나
   내 주 예수 모신 곳이 그 어디나 하늘나라

〈후렴〉 할렐루야 찬양하세 내 모든 죄 사함 받고
주 예수와 동행하니 그 어디나 하늘나라

성도 여러분, 이것이 겨자씨 운동이요 생명 운동입니다.

오래 전 쉘마호 태풍이 부산·경남 지방을 강타했습니다. 이때 어느 성도는 태풍이 몰아쳐 갑자기 들이닥친 물이 집안까지 들어왔을 때 당황했습니다. 새벽 1시경에 목사님께 기도를 부탁하려고 전화를 걸었습니다. 그러나 전화도 이미 끊어져 불통이었습니다. 저도 밤 12시 30분 경에 집으로 돌아왔는데 거실에도 비바람이 몰아쳐 물이 들어왔고, 성도의 집에 전화를 해도 안되고, 정전까지 되어 어둠 천지가 되고 말았습니다. 저는 하나님께 기도하는 수밖에 없었습니다. 이 성도 역시 죽음과의 사투를 벌이면서 침착하게 하나님을 바라보고 기도하며 밤을 새웠습니다. 그리고 마침내 무서운 태풍을 이겨냈습니다. 무엇이 태풍을 이겨내게 했습니까? 바로 생명이 있었기 때문입니다. 그 심령 속에 주님이 주신 생명이 있었습니다. 생명은 신비롭고 위대합니다.

성도 여러분, 크고 작은 것은 문제가 되지 않습니다. 문제는 '살았느냐? 죽었느냐? 입니다. '생명이 있느냐? 없느냐?'가 중요한 것입니다.

생명은 아무리 작아도 위대한 힘을 가지고 있습니다. 조그만 겨자씨라도 생명이 있으면 큰 나무가 되어 거기에 새들이 보금자리를 만들 수 있습니다. 아무리 조그만 알이라도 생명이 있으면 큰 독수리가 되어 창공을 날아다닐 수 있습니다. 아무리 조그만 불씨라도 생명이 있으면 대화재가 일어나 거대한 건물을 태워버릴 수 있습니다. 생명은 성장하기 마련입니다. 생명은 위대하고 신비로운 것입니다.

어느 마을에 지혜로운 아이 하나가 있었습니다. 어른들이 이 아이를 시험하려고 마음먹었습니다. 그 마을에 커다란 바위가 하나 있었는데 "이것을 옮길 수 있느냐?" 하고 물었습니다. 잠시 생각하던 그 어린이는 "예"라고 대답했습니다. 그러자 모든 사람들이 큰 웃음을 치며 경멸했습니다. 이 아이는 바위 밑에 흙을 조금 파내고 거기에다 콩을 가져다 놓고 그 콩에 물을 주었습니다. 시간이 지나자 콩은 점점 불어나고 그 콩에서 싹이 나오기 시작했습니다. 땅은 점점 밀려나기 시작했고 마침내 커다란 바위를 밀어냈습니다. 모두가 그 지혜에 놀랐습니다. 아무리 작은 콩이라 할지라도 생명이 있었기 때문에 큰돌을 굴려낼 수 있었던 것입니다. 생명은 이렇게 소중하고 위대한 것입니다.

미국의 링컨 대통령은 어머니가 돌아가시자 새 어머니의 슬하 밑에서 자라게 되었는데, 이 어머니는 아주 훌륭한 분이었습니다. 그 어머니는 어린 링컨에게 말씀을 심어주었습니다. 그러나 그 어머니는 일찍 세상을 떠났습니다. 링컨은 많은 고생을 했습니다. 그러나 그의 어머니가 물려준 하나님의 말씀이 그 속에서 떠나지 않았습니다. 결국 그는 노예를 해방시키는 위대한 인물이 되었습니다. 그 배후에는 생명의 말씀을 뿌려준 어머니가 있었습니다. 이것이 생명의 위대성이요 신비성이요 소중한 능력입니다.

어떤 사람이 초등학교 3,4학년 때에 단 한번 교회에 나갔습니다. 그런데 그 사람은 교회에 갔을 때 배운 찬송을 늘 기억했습니다. 바로 찬송가 411장입니다.

1. 예수 사랑하심은 거룩하신 말일세
   우리들은 약하나 예수 권세 많도다
2. 나를 사랑하시고 나의 죄를 다 씻어
   하늘 문을 여시고 들어가게 하시네
3. 내가 연약할수록 더욱 귀히 여기사
   높은 보좌 위에서 낮은 나를 보시네
4. 세상 사는 동안에 나와 함께 하시고
   세상 떠나 가는 날 천국가게 하소서

〈후렴〉 날 사랑하심 날 사랑하심 날 사랑하심
성경에 써있네 아멘

이 사람이 임종을 맞이하게 되어 목사님을 모시고 신앙을 고백했습니다. 교회에는 나가지 못했으나 어릴 때 한번 들은 그 찬송과 말씀을 늘 기억했습니다. 그러다가 예수님을 생각하며 드디어 신앙을 고백하고 예수님을 영접하여 구원받고 세상을 떠난 것입니다.

성도 여러분, 신비하고 놀랍지 않습니까? 왜 그렇습니까? 그것은 생명이 있기 때문입니다. 생명은 자라기 때문에 씨앗을 뿌리는 것이 중요합니다.

성도 여러분, 여러분 가운데는 오랜 방황생활 가운데서도 어린시절에 복음을 받았기 때문에 지금은 신앙을 회복하고, 열심히 봉사하고 전도하는 분들이 많은 줄 압니다. 그것은 생명의 씨앗이 여러분 속에 들어 있었기 때문입니다. 생명은 자랍니다. 그러므로 생명은 소중하고 위대하며 신비하고 능력이 있습니다.

하나님의 나라는 계속 확장되어야 합니다. 성장이 없는 것은 이미 죽은 것입니다. 교회는 성장해야 합니다. 성장도 성장해야 합니다. 성장이 없으면 문제가 있는 것입니다. 병이 들었거나 죽었기 때문입니다. 죽은 곳은 부패가 있고 악취가 나고 시끄럽고 원망과 불평이 있습니다. 그러나 생명이 있는 곳에는 성장과 감사와 기쁨이 있고 활기가 넘치고 은혜가 넘칩니다.

성도 여러분, 우리에게 생명이 있음을 항상 감사해야 합니다. 그리고 우리는 생명 운동을 확장시켜 나가야 합니다. 아직도 이 생명을 받지 못한 사람들에게 전해 주어야 합니다. 죽어가는 자들을 생명으로 살려야 합니다. 이것이 겨자씨 운동이요 천국 운동입니다.

주님은 말씀하셨습니다. "오직 성령이 너희에게 임하시면 너희가 권능을 받고 예루살렘과 온 유대와 사마리아와 땅 끝까지 이르러 내 증인이 되리라"(사도행전 1:8).

성도 여러분, 우리 모두 내게 주신 예수의 생명을 아직도 모른 채 죽어 가는 영혼들에게, 영생이 필요한 자들에게 이 생명의 말씀을 심어줍시다. 그래서 죽어 가는 사람을 살리고 새 사람을 만드는 생명 운동, 겨자씨 운동, 천국 운동에 적극 참여하는 성도가 됩시다.

3. 겨자씨 운동은 꿈과 환상을 가지는 것입니다.

예수님께서 제자들에게 겨자씨 비유를 말씀하신 것은 제자들을 통해 이루어질 하나님 나라 확장에 대한 꿈과 환상을 가지신 것을 알 수 있습니다. 예수님은 비록 작은 겨자씨라 하더라도 자라서 큰 나무가 되고, 거기에 새가 날아와서 깃들일 환상을 보고 계셨습니다. 씨앗이 땅에 떨어져 30배 60배 100배의 결실을 얻는 꿈을 가지고 계셨습니다. 주님은 현재의 미미한 겨자씨만을 보시지 않고 미래에 큰 나무가 될 것을 보고 계셨습니다.

서양 속담에 '씨앗을 손에 들고 새소리를 듣는다'는 말이 있습니다. 이것은 환상이요 꿈입니다. 농부가 씨를 뿌릴 때 장차 이 씨앗이 자라서 큰 나무가 되고, 그 위에 새가 날아와서 보금자리를 틀고 노래할 것을 꿈꿀 수 있었습니다.

성도 여러분, 지금 현재의 모습만을 바라보지 않고 겨자씨만한 것이 자라서 큰 나무가 될 것을 바라보는 것이 믿음입니다.

앞서간 믿음의 선배들은 다 이 환상과 꿈을 가지고 살았습니다. 성경은 말씀합니다. "믿음은 바라는 것들의 실상이요 보지 못하는 것들의 증거니 선진들이 이로써 증거를 얻었느니라"(히브리서 11:1-2).

아브라함은 갈 바를 알지 못했으나 하나님의 약속을 믿고 고향을 떠나 새로운 미지의 세계를 향한 꿈을 가지고 떠났습니다. 결과 그의 후손들은 하늘의 별과 같이, 바다의 모래와 같이 번성했습니다. 모세는 이스라엘 백성들을 이끌고 홍해바다를 건너 가나안 땅의 환상과 꿈을 가지고 출발했습니다. 출애굽 때에 그들은 한 평의 땅도 없었습니다. 한 채의 집도 없었습니다. 그러나 겨자씨만한 믿음으로 꿈과 환상을 가졌습니다. 마침내 그들은 젖과 꿀이 흐르는 약속의 땅 가나안을 정복했습니다. 요셉은 어릴 때 하나님이 주신 꿈과 환상을 믿었습니다. 그는 노예로 팔려갔습니다. 누명을 쓰고 감옥에 들어갔습니다. 그의 꿈은 사라지는 듯 했습니다. 그러나 겨자씨만한 믿음은 생명이 있었고, 마침내 그 꿈은 애굽의 총리가 되어 아버지와 식솔들을 구원함으로 성취되었습니다. 사도 바울은 팔레스틴의 조그마한 땅에서 세계 제국의 수도 로마에 가서 복음을 전할 꿈을 가졌습니다. 그래서 그는 '내가 로마도 보아야 하리라' 는 꿈을 가지고 기도하기 시작하여 마침내 그 꿈을 이루었습니다.

믿음은 바라는 것들의 실상이요 보지 못하는 것들의 증거입니다.

이탈리아에 정원을 가꾸는 한 청년이 있었습니다. 그는 가난했으나 열심히 일했습니다. 틈만 있으면 나무 화분에 열심히 조각했습니다. 그 청년은 퇴근 시간 후에도 정원에 남아서 조각에 몰두했습니다. 그의 손길을 스쳐간 나무 화분들은 멋진 조각품으로 다시 태어났습니다. 하루는 주인이 이 청년에게 물었습니다. "너는 정원만 가꾸면 된다. 조각을 한다고 임금을 더 주는 것도 아닌데 왜 이런 수고를 하느냐?" 청년은 웃으면서 이렇게 대답했습니다. "저에게는 이 정원을 아름답게 꾸밀 의무가 있습니다. 나무 화분에 조각을 하는 것도 저의 업무 중 하나라고 생각합니다." 이 청년은 꿈과 환상을 가지고 있었습니다. 시간만 메우는 그런 차원이 아니라 자기가 하는 일에서 미래의 꿈을 가지고 준비하고 있었던 것입니다. 청년의 투철한 책임감에 감동한 주인은 그 청년에게 장학금을 주어서 미술학교에 입학하도록 했습니다. 결국 그 청년은 세계적인 화가이자 조각가로 등장했습니다. 바로 그 사람이 유명한 미켈란젤로입니다. 하나님은 꿈을 가지고 믿음으로 준비하는 자에게 반드시 기회를 주십니다.

겨자씨 운동은 믿음의 꿈과 환상을 가진 자들을 통해서 이루어집니다. 우리 자매 교회인 요하네스버그 한인교회도 겨자씨 운동으로 시작되었습니다. 교회당 건물도 없이 남의 교회당을 빌려서 시작했습니다. 요하네스버그에 거주하는 한국인들의 영혼을 구원하는 일과, 남부 아프리카의 선교의 꿈을 가지고 시작했습니다. 처음에는 아주 미미했습니다. 한 사람 한 사람이 전도를 받아 어린아이까지 모두 약 20명의 성도들이 가정 예배를 드릴 무렵이었습니다. 스코틀랜드 장로교회가 예배를 드린 후에 그 건물을 대여해서 예배드리기 시작했습니다. 주일학교 교실도 대여로 시작했습니다. 주방도 식당도 대여했습니다. 한글학교도 개강했고 태권도 교실도 만들었습니다. 때가 되매 넓은 땅 5,500평을 구입하고 아름다운 교회를 세웠습니다. 그리고 세계 선교의 비전을 가지고 남부 아프리카 선교를 시작했습니다. 겨자씨 운동이 열매를 보게 된 것입니다.

우리가 시작한 아프리카 줄루족의 베르나 소망교회도 겨자씨 운동이었습니다. 처음 두 달 동안은 축호 전도를 하다가 저녁마다 집중 집회를 하고 추장의 양해를 얻어 교회를 개척

했습니다. 그리고 양철 지붕 교회당을 준공하여 예배를 드렸습니다. 지금은 여러 가지 목회 프로그램으로 활발하게 성장하고 있습니다. 줄루족 신학교 무깐요도 허허 벌판에서 아주 허름한 건물로 시작했습니다. 학생수도 얼마 되지 않았습니다. 겨자씨 운동이 시작된 것입니다. 백인 교회 담임 목사와 교수직을 사양한 필립 버이스 박사가 흑인들의 영혼 구원과 지도자 양성을 위해 헌신했습니다. 처음에는 미미하고 초라했습니다. 그러나 지금은 아담한 건물을 갖추고 학생 수도 많아지고 좋은 교육이 이루어지고 있습니다. 겨자씨 운동이 활발하게 진행되고 있습니다.

성도 여러분, 우리도 지금은 미미한 겨자씨와 같은 작은 존재일 수 있습니다. 그러나 예수님의 생명이 내 속에 있으면 성장하게 됩니다. 우리는 꿈과 환상을 가져야 합니다. 우리의 신앙나무도 자라야 합니다. 우리의 신앙도 큰 나무가 될 수 있습니다. 우리도 하나님 앞에서 성장해서 뻗어나가야 합니다. 우리도 하나님 앞에서 귀하게 사용될 그릇이 되기를 꿈꿉시다. 현재 이 모습 이대로 정지해 있을 수는 없습니다. 생명은 자랍니다. 예수 생명을 가진 우리는 더 크게 성장해야 합니다. 우리의 가정도 성장해야 합니다. 우리의 직장과 우리의 사업이 하나님의 축복으로 더 큰 나무로 성장하는 꿈과 비전을 가져야 합니다.

우리 교회도 하나님 앞에서 사랑 받고 인정 받고 칭찬 받는 교회로 성장해야 합니다. 부산과 세계의 복음화의 꿈을 가지고 땅 끝까지 선교사를 파송 하는 꿈을 가진 교회, 예수 그리스도를 닮아가는 「오직 주님 · 오직 말씀」 중심 교육의 꿈을 가진 교회, 그리스도의 사랑을 이웃에게 실천하는 비전을 가진 교회로 성장해야 합니다.

에스겔 선지자가 골짜기에 가득한 마른 뼈들과 해골떼들을 보았습니다. 그때 하나님의 말씀이 임하고 이미 죽어서 오래된 뼈들 속에 주의 생기가 들어갈 때 소리가 나고 움직여, 살아 큰 군대가 되어 일어나는 환상을 보았습니다. 이것은 이스라엘이 지금은 나라가 망하여 포로가 되었으나 하나님의 능력이 임할 때, 살아 일어나서 큰 군대가 되어 나라를 회복하고 영화를 누리게 될 것을 보여준 것입니다.

그렇습니다. 조그만 겨자씨가 자라서 큰 나무가 되는 것은 전적으로 주님의 능력으로 되는 것입니다. 하나님의 생기가 들어갈 때 역사가 일어났습니다. 예수님은 겨자씨가 자라서 큰 나무가 되는 꿈과 환상을 우리에게 보여주셨습니다.

성도 여러분, 우리도 믿음의 꿈과 비전을 가져야 합니다. 현재는 미미하고 보잘 것 없어 보이나 장차 크게 될 모습을 꿈꾸어야 합니다.

겨자씨는 작으나 생명이 있으므로 자랍니다. 예수의 생명을 가진 우리는 비록 지금은 신앙이 미약하지만 앞으로 더 성장하여 큰 믿음의 거목이 될 것을 꿈꾸어야 합니다. 하나님의 교회를 섬기는 것이 지금은 미약하나 예수의 생명이 있으므로 장차 마음껏 섬기고 봉사할 꿈을 꾸어야 합니다. 우리 가정도 지금은 미약하나 하나님을 믿는 믿음으로 아름답게 쓰임을 받을 것을 꿈꿉시다. 우리 모두 앞장서서 세계 선교를 위해 섬기게 될 꿈을 가집시다. 그리스도의 사랑을 이웃에게 마음껏 베푸는 구제의 꿈도 가집시다. 하나님의 교회의 확장과 성장에도 기쁨으로 앞장서서 섬기고 봉사할 수 있는 꿈을 가집시다.

사랑하는 성도 여러분!
우리는 생명이 자라듯 우리의 신앙도 자라야 합니다. 지금은 미미하게 보이지만 우리는 예수 생명을 지닌 자로 날마다 성장하여 더 크게 자라고, 더 아름답게 섬깁시다. 하나님의 영광을 나타내는 우리, 그리고 교회가 되기를 꿈꾸며 환상을 가지고 기도하며 달려갑시다. 우리 주님은 믿음 안에서 이 일을 이루게 하실 것입니다. 이것이 바로 오늘 이 시대에 우리가 해야 할 겨자씨 운동이요 천국 운동입니다. 아멘.

천국과 누룩

³³또 비유로 말씀하시되 천국은 마치 여자가 가루 서 말 속에 갖다 넣어 전부 부풀게 한 누룩과 같으니라

(마태복음 13:33)

천국과 누룩

찐빵 집은 연세가 좀 드신 분들이라면 학창시절의 추억이 있는 곳 중 하나가 될 것입니다. 저도 자주 갔던 기억이 있습니다. 그 때의 찐빵 맛은 아주 좋았습니다. 그런데 그 찐빵을 만드는 과정을 가만히 보니 밀가루에다 소금과 이스트를 조금 넣어 물로 반죽해서 쪄냈습니다. 반죽만 했을 때에는 조그마했는데 커다란 솥 안에 넣어서 한참 후에 들어 낼 때는 크게 부풀어 커다란 빵이 되어 나왔습니다. 처음에는 조그마하던 것이 어떻게 크게 되었습니까? 그것은 바로 누룩 때문입니다. 누룩이 부풀게 한 것입니다. 누룩이 소리도 없이 밀가루 전체에 영향력을 행사한 것입니다.

예수님께서는 지금 하나님의 나라에 관하여 말씀하시면서 천국은 누룩과 같다고 비유하셨습니다. "또 비유로 말씀하시되 천국은 마치 여자가 가루 서 말 속에 갖다 넣어 부풀게 한 누룩과 같으니라"(마태복음 13:33).

누룩 비유의 해석이 여러 가지로 나옵니다. 여기의 여자가 누구입니까? 이 여자는 악한 존재(이 에바 가운데에는 한 여인이 앉았느니라 하는 동시에 둥근 납 한 조각이 들리더라 그가 가로되 이는 악이라 하고 그 여인을 에바 속으로 던져넣고 납 조각을 에바 아구리 위에 던져 덮더라: 슥 5:7,8), 또는 이세벨(그러나 네게 책망할 일이 있노라 자칭 선지자라 하는 여자 이세벨을 네가 용납함이니 그가 내 종들을 가르쳐 꾀어 행음하게 하고 우상의 제물을 먹게 하는도다: 계 2:20), 또는 큰 음녀(또 일곱 대접을 가진 일곱 천사 중 하나가 와서 내게 말하여 가로되 이리 오라 많은 물 위에 앉은 큰 음녀의 받을 심판을 네게 보이리라: 계 17:1)로 이해하여 교회의 순수성을 변질시키는 누룩으로 봅니다.

그러나 긍정적으로 누룩은 교회를 확장시키며 복음을 널리 퍼뜨리는 것으로 봅니다. 또 누룩은 인간의 삶을 변화시키는 복음의 위력으로 봅니다. 겨자씨의 성장은 외적 성장을 나타냅니다. 이것은 마치 남자가 바깥에서 활동하여 업적을 남기는 것과 같습니다. 반면 누룩은 여자와 같이 집이나 교회,

또는 다른 단체에서 눈에 띄지 않으면서도 사회를 놀랍게 변화시키며 성장시키는 내적 변화를 가져옵니다.

여인이 가루 서 말 속에 누룩을 부어 부풀게 했다고 했는데, 가루 서 말은 여인이 하루에 빵을 구울 수 있는 최대한의 양을 말합니다.

이 누룩 비유에서 주님이 가르쳐주시는 교훈은 무엇입니까?

1. 그것은 자체의 내적인 변화가 있다는 것입니다.

누룩은 적은 양으로 밀가루 전체를 변질시킵니다. 누룩은 숨겨진 힘이 있습니다. 누룩은 부풀게 하는 힘이 있습니다.

1) 공통점이 있습니다.

공통점은 먼저 작습니다. 둘 다 처음에는 미미하게 시작하나 점점 더 크게 확장됩니다.

2) 차이점이 있습니다.

겨자씨는 자체의 성장, 즉 스스로 성장합니다. 누룩은 밀가루를 변질시킵니다. 다른 것에 영향을 줍니다. 누룩은 소리 없이 조용히 번져나갑니다. 하나님의 복음은 소리 없이 숨겨져 있는 것 같으나 점점 확장되어 갑니다. 누룩은 숨겨진 힘이 있듯이 하나님의 나라도 숨겨진 역사로 확장되어 갑니다. 하나님의 나라는 누룩과 같이 구석구석 미치지 않는 곳이 없을 정도로 모든 분야와 모든 삶의 영역 속에 들어가서 변화시킬 것입니다.

천국 복음은 바로 예수님이십니다. 하나님의 말씀이 바로 그리스도이십니다. 그러므로 이 말씀이 가는 곳에는 변화가 일어납니다. 즉 예수 그리스도께서 가시는 곳에는 변화가 일어납니다. 말씀은 어두운 죄악 속에 살고 있는 심령을 밝혀줍니다. 말씀은 죄악 된 욕망의 사슬을 끊어 해방시켜 줍니다. 우리 속에 있는 그리스도께서 들어오실 때 자신도 모르는 사이에 변화가 일어납니다.

지금은 신앙생활을 잘 하고 있으나, 이 분이 예수님을 믿기 전에는 술을 잘 마시고 친구와 노는 것을 좋아했습니다. 귀가 시간은 늘 늦고 생활은 엉망이었습니다. 그러나 마음 한 구석에는 공허함과 허탈감이 늘 떠나지 않았습니다. 그런데 어느 날 가까운 친구가 찾아와 자기를 무조건 따라오라고 했습니다. 타의 반 자의 반 따라간 곳이 바로 부흥집회장이었습니다. 그 날 하나님의 말씀이 그의 마음속에 들어가 역사하기 시작했습니다. 천국 복음이 누룩처럼 작용하기 시작한 것입니다. 단단한 그의 마음을 움직이기 시작했습니다. 그리고 부풀어 올랐습니다. 그 세력이 확장되어 갔습니다. 그는 그 자리에서 깨어지고 말았습니다. 눈물과 콧물이 나오고 자기도 모르게 회개가 나왔습니다. "하나님 아버지" 하고 불렀습니다. 그런데 그의 마음 속에는 지금까지 느껴보지 못했던 평안과 기쁨이 솟아올랐습니다. 삶의 목적이 바뀌었습니다. 완전히 새 사람으로 변화되었습니다. 그런데 그의 친구들은 그의 마음속에 일어난 누룩과 같은 역사를 몰랐습니다. 그래서 예전처럼 그 사람을 술집으로 데리고 갔습니다. 그런데 도저히 술을 마시고 싶은 생각이 없었습니다. 그래서 물만 마셨습니다. 술을 마시고 여자들과 춤추는 친구들을 보니 자신이 보기에 모두 미친 사람 같아 보였습니다. 그때 "아, 나도 저렇게 했구나!" 하는 생각이 떠올랐습니다. 친구들이 한번 두번 같이 다니다 보니 재미가 없자 다 떠났습니다. 그런데 그의 부인은 잘 믿으려 하지 않았습니다. "얼마나 갈까?" 하고 의심했습니다. 그런데 한 달, 두 달, 석 달-세월이 흘러도 요지부동이었습니다. 사람이 완전히 변한 것을 알았습니다. 의심하던 아내도 교회에 나오게 되었습니다. 처음에는 말씀이 잘 믿어지지 않았습니다. 그러나 자신도 하나님의 말씀에 부딪혀 변화되고 깨어졌습니다. 결국 아내도 남편과 함께 교회에 나와 좋은 신자가 되었습니다. 자녀들도 모두 하나님을 잘 섬기는 믿음의 가정을 이루었습니다.

성도 여러분, 바로 이것이 누룩 운동입니다. 이런 누룩의 역사는 지금도 일어나고 있습니다. 앞으로도 계속 일어날 것입니다.

어느 가정에 부인은 열심히 믿음으로 살려고 하는데 남편은 신앙생활 하는 것을 반대했습니다. 교회에서 더욱 더 많은 봉사를 하고 몸된 교회를 섬기기를 원하지만 가정이 믿음으로 하나되지 못했습니다. 그러나 부인은 변함없이 신앙생활을 하면서 인내했습니다. 30년 만에 드디어 그 남편이 교회에 등록했고, 열심히 신앙생활을 하는 변화가 일어났습니다. 학습을 받고, 세례를 받고, 그리고 전도까지 해서 다른 사람들을 교회로 인도하기에까지 이르렀습니다. 이것이 바로 하나님의 말씀의 역사입니다. 그의 마음속에 누룩의 역사가 일어났기 때문입니다. 누룩은 변화시키는 운동입니다. 누룩은 속에서 그 자체를 변화시킵니다.

예수님은 말씀하셨습니다. 천국은 누룩과 같습니다. 이 말씀 하나님의 복음이 우리 속에 들어올 때 천국 운동이 시작된다는 것을 말씀합니다. 천국은 누룩과 같아서 그 자체에서 변화가 일어납니다. 구석구석까지 우리 삶의 전체를 변화시킵니다.

성도 여러분, 우리는 어떠합니까? 먼저 우리 자신을 살펴봅시다. 나의 모습은 어떻습니까? 나는 얼마나 변화되고 있습니까? 우리 인간이 완전한 성화를 이루기는 어렵습니다. 완전한 인격자로 변화되는 것은 주 예수님의 재림 때에만 가능합니다. 그렇지만 우리는 자신들의 완전한 성화, 완전한 변화를 위해 계속 추구하고 노력하고 달려가야 합니다.

우리는 스스로 물어봅시다. 내 속에서는 얼마나 누룩 운동이 일어나고 있습니까? 나의 인격은 얼마나 변화되었습니까? 나의 생활은 얼마나 성화되었습니까? 나의 교회 봉사는 어느 정도입니까?

예수님께서 '천국은 누룩과 같다'고 하신 것은, 내 속에 하나님의 말씀이 거하고 예수 그리스도를 모신 사람은 반드시 변할 수밖에 없다는 말입니다.

말씀의 누룩이 내 속에서 어떤 변화를 가져왔습니까? 우리의 삶의 영역에 얼마나 강하게 역사하고 있습니까? 먼저 우리 자신의 변화에 대해 누룩 운동에 대해 채점 해봐야 합니다.

흔히 사람들은 다른 사람들에 대한 평가를 좋아하고 점수 매기기를 즐깁니다. 교회 안에서도 목사님의 점수는? 장로님의 점수는? 집사님, 권사님의 점수는?… 그러나 문제는 여러분 자신입니다. 여러분 자신의 점수는 몇 점입니까?

우리는 날마다 내 속에 하나님의 나라가 이루어지고 있습니까? 예수 그리스도께서 나의 삶을 완전히 지배하고 계십니까? 내 속에 말씀의 누룩의 역사가 점점 더 확산되고 있습니까? 우리 가정에 천국 누룩 운동이 활발하게 진행되고 있습니까?

사도 바울은 고백합니다. "내가 그리스도와 함께 십자가에 못 박혔나니 그런즉 이제는 내가 산 것이 아니요 오직 내 안에 그리스도께서 사신 것이라 이제 내가 육체 가운데 사는 것은 나를 사랑하사 나를 위하여 자기 몸을 버리신 하나님의 아들을 믿는 믿음 안에서 사는 것이라"(갈라디아서 2:20).

그리스도께서 내 속에 계시면 이미 누룩 운동은 시작된 것입니다. 그러므로 우리는 매일 우리 자신의 변화를 위해 힘써야 합니다. 사도 바울은 "그러므로 형제들아 내가 하나님의 모든 자비하심으로 너희를 권하노니 너희 몸을 하나님이 기뻐하시는 거룩한 산 제사로 드리라 이는 너희의 드릴 영적 예배니라"(로마서 12:1)고 말했습니다.

성도 여러분, 우리 속에 그리스도께서 늘 살아 역사하시고 우리의 삶이 주님께 온전히 바쳐짐으로, 날마다 내 속에서 하나님의 나라가 이루어지고 우리의 모든 영역에서 변화받는 삶을 살아가는, 누룩운동을 일으켜 가는 천국백성이 되기를 바랍니다.

2. 어떻게 변화됩니까?

두 가지 정도의 변화를 생각해야 합니다. 하나는 나쁜 방면으로의 변화가 있고 다른 하나는 좋은 방면의 변화입니다.

1) 성경에서 누룩을 악의 상징으로 말씀한 곳이 많습니다.

성경은 말씀합니다. "예수께서 먼저 제자들에게 말씀하여 가라사대 바리새인들의 누룩 곧 외식을 주의하라"(누가복음 12:1), "너희의 자랑하는 것이 옳지 아니하도다 적은 누룩이 온 덩어리에 퍼지는 것을 알지 못하느냐 너희는 누룩 없는 자인데 새 덩어리가 되기 위하여 묵은 누룩을 내어 버리라 우리의 유월절 양 곧 그리스도께서 희생이 되셨느니라 이러므로 우리가 명절을 지키되 묵은 누룩도 말고 괴악하고 악독한 누룩도 말고 오직 순전함과 진실함의 누룩 없는 떡으로 하자"(고린도전서 5:6-8).

악은 매우 빠르게 누룩처럼 확산됩니다. 소리 없이 급속도로 변질됩니다.

인류 역사를 살펴볼 때 하나님께서 에덴동산에서 아담과 하와를 창조하셨을 때 그들은 하나님께서 금하신 선과 악을 알게 하는 열매, 즉 선악과를 따먹으므로 범죄했습니다. 죄가 누룩처럼 번지기 시작했습니다. 그 결과 자기 몸에서 난 아들 가인이 동생 아벨을 죽이는 살인 사건으로 확대되었습니다. 그후 죄악은 계속 확대되어 노아의 홍수 때에는 죄악이 하늘에까지 관영해졌습니다. 결국 하나님의 진노로 의인 노아의 식구 8명을 제외한 전 인류가 심판을 받고 말았습니다. 그 후에도 죄악은 더욱 더 확산되어 바벨탑 사건이 일어났습니다. 하늘에까지 닿도록 높은 탑을 세우는 목적은 노아 홍수와 같은 일이 닥칠 때 살아남기 위해서였습니다. 이것은 정면으로 하나님의 명령에 거부하고 도전하는 일입니다.

하나님은 인류를 창조하시고 축복하시면서, "하나님이 그들에게 복을 주시며 그들에게 이르시되 생육하고 번성하여 땅에 충만하라, 땅을 정복하라, 바다의 고기와 공중의 새와 땅에 움직이는 모든 생물을 다스리라"(창세기 1:28)고 하셨습니다. 그런데 그들은 흩어지지 말자고 하나님께 대항했습니다. 그 결과 하나님의 진노를 얻어 바벨탑은 무너지고, 하나님은 언어를 혼잡케 하시므로 많은 언어가 생겨났고, 그들을 전 세계로 흩으셨습니다. 이것이 죄악의 확장입니다.

우리가 살고 있는 이 세상에서 가장 무서운 것은 죄악의 세력입니다. 죄악은 소리없이 급속도로 확산됩니다. 공산주의가 처음에 시작될 때에는 대수롭지 않게 보았습니다. 그러나 레닌의 공산주의 혁명으로 공산주의는 옛 러시아를 장악하고 소비에트 공화국을 건설하여 세계에 군림했습니다. 북한도 몇몇 공산주의자들에 의해 정복되고 지금까지 장기간 통치되고 있습니다.

오늘날 술과 마약 때문에 세계가 고민하고 있습니다. 오래전 구 소련에 체르노빌 원전 폭발 사고가 있었습니다. 많은 사람들이 죽음을 당했습니다. 그때 여러 가지 사고 원인에 대한 분석이 나왔습니다. 관심을 끄는 것은 분명히 술 중독자가 그 원자력 발전소 안에 있었다고 합니다. 그리고 설계 제조를 운영하는 사람들 중에도 알코올 중독자가 있었다는 것입니다. 또한 세계 제일의 방공망을 자랑한다던 소련 상공에 약관 19세의 아마추어 조종사인 누스토군이 자기가 연습하던 경비행기를 타고 소련의 심장부인 모스크바 크렘린 궁전 앞 광장에 아무런 저항없이 착륙했습니다. 소련은 물론 전 세계가 경탄했습니다. 그리고 찬사를 보냈습니다. 그 시간에 소련인들은 도대체 무엇을 하고 있었습니까? 그때 국방 경비대는 술을 마시고 싸우고 있었다고 합니다.

알코올 중독이 이렇게 무섭습니다. 모든 죄는 이 술 때문에 시작된다고 볼 수 있습니다. 술만 들어가면 죄를 짓는 일에 담대해집니다.

미국 또한 마약 중독자들 때문에 골머리를 앓고 있습니다. 어떤 사람은 미국이 망하면 마약 중독 때문이요, 소련이 망하면 술 중독 때문이라고까지 말했습니다. 술과 마약 문제는 이제 전 세계적으로 심각한 문제가 되고 있습니다.

그런데 우리나라가 술을 제일 많이 마시는 나라라는 불명예를 얻고 있습니다. 마약 문제 역시 우리 나라의 심각한 문제로 등장하고 있습니다.

에이즈는 어떠합니까? 에이즈는 전 세계로 급속히 확산되고 있습니다. 아프리카에는 에이즈로 인해 여러 마을이 사라져 가고 있습니다. 에이즈의 근본 원인은 난잡한 성생활입니다.

그런데 심각한 것은 술이 나쁘다는 것을 알면서도 술을 마시는 사람들은 더 늘어나고, 마약이 나쁘다는 것을 알면서도 점점 더 확산되고, 에이즈가 무섭다는 것을 알면서도 소리 없이 더 퍼져나간다는 것입니다.

이것이 바로 죄악이 누룩과 같이 소리 없이 급속히 퍼져나가는 현상입니다. 그래서 주님은 누룩을 주의하라고 하셨습니다. 이 죄악의 세력은 소리 없이 우리에게 다가오고 있습니다. 무서운 죄악의 물결이 우리 자녀들에게 다가옵니다. 우리의 가정에, 우리의 사회에, 심지어 우리의 교회 안에도 들어옵니다.

미국 샌프란시스코의 한 감리교 목사는 "나는 부활도 믿지 않고 예수님이 하나님이신 것도 믿지 않고, 하나님의 말씀이 정확무오 하다는 것도 믿지 않습니다. 우리 교회에는 호모들(동성연애자들)이 들어와서 사는데 나는 이것을 아주 자랑스럽게 생각합니다. 우리 교회야말로 인간이 낳은 기적적인 교회입니다."

더욱 더 어이가 없는 것은 이런 사람들이 하나 둘이 아니라 점점 늘어나고 있다는 사실입니다. 동성연애자들이 성직자로 활동하고 있으며, 교회 안에는 그들에게도 똑 같은 권리를 부여하자고 합니다. 그들은 자신들이 정상이라고 합니다.

이것은 비성경적입니다. 하나님께서 금하신 것입니다. 이 세상은 죄악의 세력으로 점점 더 물들어 가고 있습니다. 사람들의 마음이 점점 더 완악해지고 있습니다. 죄악에 물들면 그 사람의 생각이 변하고, 얼굴이 변하고, 생활이 변합니다. 그리고 신앙도 변합니다. 나중에는 지옥도 무서워하지 않습니다. 그들은 하나님이 계신 곳에서는 절대로 살 수 없다고 해서 지옥을 향하여 달려갑니다. 이들이 바로 사탄 숭배자들입니다. 그들은 사탄을 찬양하고, 지옥을 사모하며 죄를 저지르는 것이 그들의 사명으로 알고 살인, 방화, 강간 등을 공공연히 행하고 있습니다.

성도 여러분, 우리는 조심하고 경계해야 합니다. 우리 주위의 가정, 직장, 사업 터, 친구, 우리가 교제하는 그 모임에도 우리가 모르는 사이에 이 죄악이 소리 없이 들어와 변질시키고 있음을 알아야 합니다.

성경은 말씀합니다. "만물의 마지막이 가까웠으니 그러므로 너희는 정신을 차리고 근신하여 기도하라"(베드로전서 4:7).

우리 모두 정신을 차리고 우리 주위에 몰려오는 죄악의 누룩을 경계하는 영적 분별력을 가진 성도가 됩시다.

2) 누룩은 좋은 방향으로 변화됩니다.

예수님께서 천국은 누룩과 같다고 말씀하실 때 이것은 또한 긍정적인 면이 있습니다. 천국운동은 바로 긍정적인 변화입니다.

① 복음이 들어가면 어떤 환경과 역경, 그리고 고난 속에서도 마음속에 감사와 기쁨이 넘치고 찬양이 나옵니다.

천국의 말씀이 그 속에 들어갈 때 변화가 일어납니다. 예전에 마음속에 일어났던 불평과 원망, 그리고 시기와 질투, 모든 것이 사라지고 매일 감사로 변화됩니다. 불의와 거짓과 위선의 생활이 이제는 날마다 예수 그리스도와 교제하는 새로운 삶으로 바뀝니다. 복음이 들어가면 그 사람의 인격이 변화됩니다. 말씀이 들어가면 그 사람의 생활이 변화됩니다. 하나님의 말씀이 들어가면 그 가정이 변화됩니다. 하나님의 말씀이 들어가면 직장에서의 근무 자세가 변화됩니다. 사업 태도가 달라지고, 교제하는 방법도 변하게 되고, 대인관계가 바뀝니다. 이것이 천국운동입니다. 이것이 천국 누룩 운동입니다.

오래 전에 있었던 일입니다. 이 분은 경찰 공무원이었는데 근무 성적이 아주 좋지 못했습니다. 항상 늦게 출근하고 다른 사람보다 빨리 퇴근했습니다. 그런데 어느날 예수님을 믿게 되었습니다. 그의 마음속에 변화가 일어났습니다. 그러자 자연히 생활의 변화로 이어졌습니다. 늘 지각하던 사람이 다른 사람보다 5분 일찍 출근하고 5분 늦게 퇴근했습니다. 그러자 모든 직원이 놀랐습니다. 그리고 이것은 해가 서쪽에서 뜨는 일과 같았습니다. 매일 일찍 출근하다 보니 청소를 하게 되고, 매일 늦게 퇴근하니 책도 읽게 되었습니다. 모든 일에 자진하여 봉사활동을 했습니다. 그리고 청렴결백까지 했으니 이것을 인정받아 승진에 승진을 거듭했습니다. 4·19 혁명이 일어났습니다. 많은 사람들이 자리에서 물러났습니다. 그런데 이 분은 자타가 모범 경찰로 인정하고 있었기 때문에 오히려 경찰 최고직에 임명되었습니다.

이것이 누룩의 역사입니다. 하나님의 복음을 심어주면 그 사람의 인격이 변하고 삶이 바뀌게 됩니다. 그러므로 우리는 이 복음을 전해 주어야 합니다. 이것이 천국 누룩 운동입니다.

② 은사를 계발하여 주를 위해 사용하는 변화입니다.

하나님께서는 모든 사람에게 한 가지씩의 은사를 주셨습니다. 목사는 말씀을 전하는 은사를 받았습니다. 어떤 분은 구제의 은사를, 어떤 분은 기도의 은사를 받았습니다. 또 어떤 분은 전도를 잘하는 분이 있는가 하면, 대접을 잘하는 은사를 가진 분도 있습니다. 우리는 하나님께서 내게 주신 이 모든 은사를 가지고 천국 확장을 위해 사용해야 합니다.

하나님께서 우리에게 은사를 주신 목적이 있습니다. 그것은 그리스도의 몸된 교회를 세우기 위한 것입니다. 성경은 말씀합니다. "그가 혹은 사도로, 혹은 선지자로, 혹은 복음 전하는 자로, 혹은 목사와 교사로 주셨으니 이는 성도를 온전케 하며 봉사의 일을 하게 하며 그리스도의 몸을 세우려 하심이라" (에베소서 4:11-12).

하나님의 말씀이 우리 속에 들어오면 변화되어 나타나는 것이 바로 전도하는 것입니다. 우리 주위를 변화시키는 천국 운동을 하게 됩니다. 우리가 전도한 사람이 또 변화됩니다. 그 속에 누룩 운동이 일어납니다. 그 사람이 자기 주위의 사람을 또 변화시킵니다. 기독교의 복음은 가만히 정지된 상태에 머무르지 않습니다. 그 속에 누룩이 들어가므로 계속 번져갑니다. 왜 그렇습니까? 그 결과는 생명이 있기 때문입니다.

대원군 시대에 기독교를 심하게 핍박했습니다. 그 이유 중 하나가 기독교는 염병과 같아서 가만히 두게 되면 전 백성들에게 퍼지므로 빨리 막아야 된다는 것입니다. 그들은 기독교의 속성을 잘 알았던 것입니다.

그렇습니다. 기독교의 복음은 전염병과도 같고 누룩과도 같아서 점점 더 확산됩니다. 급속도로 그 영역을 넓혀갑니다. 그러므로 우리는 자신이 먼저 말씀으로 변화되고 모범된 생활을 하면 천국의 복음은 누룩과 같이 퍼져나갑니다.

미국의 조상은 청교도들입니다. 그러나 이 청교도들의 조상은 바이킹입니다. 즉 해적들입니다. 이 해적들은 머리가 좋습니다. 그들은 늘 싸울 생각을 합니다. 작전을 계획하고 열심히 노를 저어서 공격하고 넓은 바다를 항해합니다. 그런데 그들에게 고민이 생겼습니다. 그것은 그들의 후예들을 어떻게 하면 좋은 교육을 시킬 수 있을까 하는 것이었습니다. 생각 끝에 가장 깨끗한 여자를 찾아내어 아내로 삼아야 한다는 결론을 얻었습니다. 왜냐하면 그 당시의 여인들은 방탕하여 병들어 있었기 때문에 정결한 여인들을 아내로 얻어야 좋은 자녀를 낳을 수 있고, 또 좋은 교육을 시킬 수 있다고 생각했기 때문입니다. 그래서 침략하는 나라마다 기독교 여성들을 납치하여 강제결혼을 했습니다. 목적은 좋은 자녀를 낳겠다는 것입니다. 그런데 자녀를 낳으면 아버지는 해적행위를 하러 떠나고 어머니는 아이들을 양육했습니다. 이 여인들은 마음속 깊이 한이 맺혀있는 사람들입니다. 이들은 피눈물의 세월을 보내면서 이를 물고 신앙으로 아이를 양육했습니다. 성경을 가르쳤고 기도하면서 양육했습니다. 이들이 바로 청교도가 된 것입니다. 세계를 지배하는 사람들이 된 것입니다.

연약한 여성들이 하나님의 말씀을 자녀들에게 심어주었습니다. 그 말씀이 누룩과 같이 점점 더 확산되어 퍼져나가 해적들을 변화시켜 새로운 역사를 창조했습니다. 하나님의 말씀은 누룩과 같이 사람들을 변화시킵니다. 역사를 변화시키고 문화를 변화시킵니다.

성도 여러분, 우리는 지체하지 말고 누룩 운동을 시작해야 합니다. 하나님 나라의 확장을 위한 전도 운동에 최선을 다해야 합니다. 우리는 여러 방면에서 누룩운동을 시작해야 합니다. 국제 기드온 협회는 성경을 나누어줌으로써 많은 사람들을 변화시키고 있습니다. 교도소에서도 말씀과 예배를 통해 죄수들을 새사람으로 변화시키고 있습니다. 학교에서도 말씀을 통하여 많은 청소년들을 변화시키고 있습니다. 군대에서도 군목을 통해 젊은 군인들을 변화시키고 있습니다. 병원에서도 육신의 병든 사람들에게 말씀과 기도를 통하여 변화시키고 있습니다.

누룩 운동은 먼저 변화된 사람이 다른 사람을 변화시키는 운동입니다. 이것은 어느 곳에서나 어떤 환경에서도 가능합니다. 왜냐하면 이것은 생명운동으로 사람을 살리기 때문입니다.

이스라엘의 소녀 하나가 아람나라에 포로로 잡혀서 나아만 장군의 집에 시녀로 있었습니다. 그러나 주인 나아만이 문둥병에 걸리자 그녀는 하나님의 선지자를 찾아가면 나을 수 있다고 알려주었습니다. 그 말을 듣고 순종한 나아만은 요단강에 일곱 번 몸을 담그자 깨끗하게 나았습니다. 이것은 비록 포로로 이국 만리까지 끌려왔으나 마음속에 살아있는 하나님을 향한 신앙이 놀라운 일을 하게 한 것입니다. 이 소녀로 인해 당대에 강대국이었던 아람나라의 실권자인 나아만 장군이 하나님의 능력을 입어 병이 낫고, 하나님을 믿는 믿음이 생겨난 것입니다. 이것이 바로 천국운동이요 누룩운동입니다.

성도 여러분, 우리도 꿈을 가집시다. 내 속에 하나님의 말씀이 살아 움직이는 성도가 되고, 어떤 환경 속에서도 좌절하지 않고 감사하며 찬송하는 성도가 됩시다. 우리 주위의 모든 사람들을 복음으로 변화시키는 성도가 됩시다.

성도 여러분, 오늘날 우리는 불신이 관영한 시대에 살고 있습니다. 죄악이 관영한 시대를 살아가고 있습니다. 우리가 해야 할 일이 무엇입니까? 누룩운동입니다. 우리가 먼저 말씀으로 변화되어야 합니다. 그리고 우리 주위를 변화시켜야 합니다. 우리 가정을 변화시켜야 합니다. 우리의 주위 사람들, 친구들, 우리의 이웃을 변화시켜야 합니다.

미국의 뉴욕 맨하탄 북부 웨스트 사이드는 범죄의 도시입니다. 마약 중독자, 알코올 중독자, 창녀들, 깡패들의 싸움이 매일 계속되었습니다. 그런데 이 동네에 이사 온 한 부인이 이 동네를 변화시키기로 결심했습니다. 조그만 일을 시작했습니다. 꽃 화분을 심었습니다. 그 첫날에 깡패들이 부수어 버렸습니다. 그리고 "여기를 떠나라. 우리는 너희를 원치 않는다."고 소리질렀습니다. 그러나 부인은 계속 굽히지 않고 꽃을 심어나갔습니다. 그러자 깡패 두목이 감동을 받고 협조하기 시작했습니다. 2년이 지나자 그녀는 집집마다 꽃 화분을 하나씩 선물했습니다. 그 도시는 꽃이 만발한 들판으로 변해 있었습니다. 며칠 안되어 기적이 일어나기 시작했습니다. 색깔 있는 커어튼이 등장하기 시작했습니다. 청소를 하기 시작했습니다. 쓰레기를 깨끗이 치우기 시작했습니다. 편 싸움을 하던 사람들이 같이 어울려 산책을 하기 시작하자 싸움은 사라졌습니다. 어느 새 그 동네는 「꽃 상자의 거리」란 이름이 붙여졌습니다. NBC TV에서 특별프로그램을 상영하여 그 동네를 소개했습니다. 그 동네를 꽃동네로 완전히 바꾸어 버렸습니다. 이것은 그들의 마음을 변화시킨 운동이었습니다. 바로 누룩운동이었습니다.

사랑하는 성도 여러분!

천국은 비록 미미하고 보잘 것 없이 보이는 숨겨진 누룩과 같지만 주위를 변화시킵니다. 누룩은 크게 두 가지 의미를 가집니다. 우리는 무서운 죄악의 누룩을 경계해야 합니다. 예수님은 우리에게 너희는 세상의 소금과 빛이라고 말씀하셨습니다. 우리는 죄악의 누룩을 막아야 합니다. 반면 우리는 말씀으로 새롭게 변화시키는 누룩 운동에 적극 참여해야 합니다.

우리는 먼저 우리 자신의 마음속에 하나님의 말씀으로 완전히 변화되어 날마다 주님과 교제합시다. 우리의 생활이 날마다 새롭게 되고, 우리의 가정을 변화시키고, 우리 주위를 변화시키고, 교회를 변화시키고, 이 민족을 변화시키며, 인류를 변화시키는 천국 누룩 운동에 참여하는 성도가 됩시다. 아멘.

천국과 감추인 보화

"천국은 마치 밭에 감추인 보화와 같으니 사람이 이를 발견한 후 숨겨 두고 기뻐하여 돌아가서 자기의 소유를 다 팔아 그 밭을 샀느니라

(마태복음 13:44)

천국과 감추인 보화

오래 전에 「막켄나의 황금」이란 영화가 있었습니다. 황금을 찾아 나선 사람들의 이야기입니다. 이 사람들은 갖은 고생 끝에 드디어 황금을 찾았습니다. 그러나 서로 황금을 가지려는 욕심 때문에 살인 사건이 일어났고, 그 보화는 아무도 차지하지 못하고 만다는 내용입니다.

사람들은 제각기 보화를 찾으려고 애쓰고 노력하며 살아가고 있습니다. 오늘 성경말씀도 어떤 한 사람이 우연히 밭에 숨겨져 있는 보화를 발견했습니다. 그는 그의 모든 재산을 다 팔아서 그 보화가 있는 밭을 샀습니다.

예수님은 천국은 마치 감추어 놓은 보화를 찾는 것과 같다고 말씀하셨습니다.

1. 감추인 보화의 배경을 알아야 합니다.

보화가 왜 밭에 감추어져 있습니까? 그것은 그 당시 유대나라의 환경을 이해해야 합니다. 옛날에는 전쟁이 많았습니다. 특히 이스라엘에는 더욱 많았습니다. 전쟁이 일어나면 피난을 가야했고, 재산을 가진 사람은 "재산을 어디에 숨겨둘 것인가? 어디가 안전한 곳인가?"가 당면한 문제였습니다. 그 당시에는 은행 제도가 발달되어 있지 않았습니다. 그래서 재산을 보관하는 방법 중 하나가 땅을 파고 그 속에 보화를 묻어두는 것이었습니다. 자기 혼자만이 잘 알 수 있는 곳에 숨겨두는 것입니다. 마당 한 복판, 나무 밑, 뒤뜰, 마루 밑, 부엌 등에 아무도 몰래 숨겨둡니다. 유대인들은 아무도 모르게 밭에 보화를 파묻었습니다. 그리고 전쟁이 끝나면 돌아와서 묻어두었던 보화를 다시 파냅니다. 그런데 문제는 주인이 아무에게도 이 보화를 숨겨둔 장소를 알려주지 않고 죽어버리는 경우입니다. 그곳에 재산이 있는 것을 아는 사람은 아무도 없습니다. 이런 경우에는 우연히 발견하는 사람이 보화의 주인이 됩니다. 이 보화를 발견한 사람은 횡재를 하는 것입니다. 그런데 그 당시의 풍속은 이런 보화를 발견할 때에 보화를 어떻게 처리하느냐에 따라 보화의 주인이 결정되었습니다. 우선 밭주인이 발견하면 당연히 그 주인의 것입니다. 주인이 그 집안의 자녀나 가족이든지 아니면 세월이 흘러 다른 사람으로 바뀌든지 주인이 발견하면 주인이 다 차지합니다. 그리고 다른 사람이 발견한 경우에는 밭주인과 나누어서 가집니다.

오늘 성경 본문의 경우에는 주인이 아닌 다른 어떤 사람이 발견했습니다. 이 사람이 일꾼인지 종인지 나그네인지 정확히 알 수는 없으나 보화를 발견한 사람이 주인이 아닌 것은 틀림없습니다. 이 사람은 보화를 발견하는 순간 다 차지하고 싶은 욕심이 생겼습니다. 이 사람은 주인에게 알려져 그 보화를 반씩 나누어 가지는 것이 싫었습니다. 그래서 자기의 소유를 팔아 그 밭을 사서 그 밭을 자기의 소유로 삼았습니다. 이런 이야기는 그 당시 팔레스틴에서는 흔히 있었던 일입니다. 그러므로 예수님이 이런 비유를 들어서 설명을 하면 모두가 다 쉽게 공감하고 이해할 수 있는 내용이었습니다.

예수님은 이런 쉬운 비유를 들어서 천국을 설명하셨습니다.

2. 감추인 보화를 발견했습니다.

이 보화는 숨겨진 상태에서 어떤 사람에게 발견되었습니다.

1) 이 보화는 무엇입니까?

사실 이 세상에는 보화처럼 보이는 것은 많습니다. 각 사람에 따라서 보화가 다 다를 수 있습니다. 어떤 사람은 건강을 귀중한 보화로 여깁니다. 사실 병들고 아프면 아무것도 할 수 없습니다. 병든 사람들에게 가장 큰 보화는 건강입니다. 그래서 오늘날 많은 사람들이 건강을 위해 새벽같이 일어나 등산이나 운동을 합니다. 폭풍이 와도 새벽부터 산에 오르는 사람들도 있습니다. 그리고 자기 몸을 우상처럼 여깁니다.

어떤 사람은 지식을 보화처럼 여깁니다. 아는 것이 얼마나 귀합니까? 세상살이에는 지식이 필요합니다. 유대인들은 자녀들에게 돈을 남겨주지 않고 반드시 이 세상을 살아가는데 필요한 지식과 지혜를 가르쳐 줍니다. 세상의 출세나 권세를 보화로 여기는 사람들이 많습니다. 그러나 참된 보화는 그런 것이 아닙니다. 그러면 참된 보화는 무엇입니까? 더 위대한 보화, 참된 보화는 바로 영원한 생명입니다. 천국입니다. 바로 주 예수 그리스도이십니다. 보화는 복음입니다.

2) 이 보화를 발견하는 사람도 있고 발견하지 못하는 사람도 있습니다.

왜냐하면 이 보화는 감추어졌기 때문입니다. 그러므로 보화를 발견하지 못하는 사람들이 많습니다. 이 보화를 가까이 접하면서도 모르고 지나가는 사람들이 많습니다. 많은 사람들이 예수님에 대해 들었습니다. 천국도 알고 복음도 들었습니다. 영원한 생명에 대해서도 들어본 사람들이 많습니다. 그러나 그들은 이 보화가 얼마나 소중한 것인지를 모릅니다. 오늘날 방송이나 매스컴, 책자, 또는 전도지나 사람들을 통해 많은 사람들이 보화에 대해 듣고는 있으나 감추어진 상태입니다. 보화의 중요성과 무한한 가치를 잘 모릅니다. 반면 그 보화의 가치를 발견한 사람은 그것을 붙잡고 맙니다.

이 보화는 감추어져 있습니다. 오늘날도 하나님의 말씀의 보화가 많은 사람들에게 감추어져 있습니다. 세상의 지식에 젖어 그것에 취해 있는 사람이나 인간적 욕망에 사로잡힌 사람은 천국의 보화를 발견하지 못합니다. 영의 눈이 어두운 자는 영원한 나라의 보화를 발견하지 못합니다.

하루에도 여러 차례 교회를 바라보며 지나다니면서도 하늘의 보화를 발견하지 못합니다. 어둔 밤에 환하게 빛나는 십자가의 불빛을 바라보면서도 예수의 십자가의 복음을 발견하지 못합니다. 심령을 변화시키는 은혜로운 찬송가 소리를 들으면서도 복음을 발견하지 못합니다. 심지어 하나님의 말씀을 설교를 통해서 들으면서도 영원한 생명을 발견하지 못합니다. 성경을 읽고 예배에 참여해도 재미가 없고, 졸리고 지루

한 사람들에게는 보화가 감추어져 있습니다.

하나님 나라의 특성은 하나님의 나라가 개인적으로 임한다는 것입니다. 하나님의 말씀은 한 개인에게 임합니다. 어떤 사람은 보화를 발견하는데 다른 사람에게는 감추어져 있습니다. 어떤 사람은 은혜를 받는데 어떤 사람은 은혜를 받지 못합니다. 어떤 사람은 감사가 넘치는데 어떤 사람은 감사가 없습니다. 어떤 사람은 감격이 넘치는데 어떤 사람은 감격이 없습니다. 어떤 사람은 결신을 하는데 어떤 사람은 결신이 없습니다. 어떤 사람은 순종하는데 어떤 사람은 순종하지 않습니다. 어떤 사람은 뜨거워지는데 어떤 사람은 뜨거움이 없습니다.

엠마오의 두 제자가 부활하신 예수님을 만나 말씀을 들을 때 그들의 마음이 뜨거워졌습니다. 베드로에게 주님의 말씀이 임하자 그는 통곡하며 회개했습니다. 그러나 가룟 유다는 자살하고 말았습니다. 루디아가 사도 바울을 통해 하나님의 말씀을 들을 때 그녀의 영의 눈이 뜨여져 마음의 문이 열리고 말씀을 통해 보화를 발견했습니다. 그녀는 자기의 집을 열어 복음전파를 위해 사용했고, 교회의 신실한 일꾼이 되었습니다.

3) 이 보화는 우연히 발견되었습니다.

그 당시 보화를 찾는 방법은 두 가지였습니다. 한 가지는 여러 곳으로 열심히 찾아다니면서 발견하는 것입니다. 또 다른 방법은 우연히 밭에 있는 것을 발견하게 되는 것입니다.

우리가 예수님을 믿어 영생과 구원과 천국을 얻는 이 보화는 사람마다 다르게 얻습니다. 우여곡절 끝에 어렵게 얻는 사람도 있고 자연스럽게 발견하는 사람도 있습니다. 친구의 권유로 교회에 따라 나왔다가 보화를 발견하는 사람도 있습니다.

성경은 말씀합니다. "나는 나를 구하지 아니하던 자에게 물음을 받았으며 나를 찾지 아니하던 자에게 찾아냄이 되었으며 내 이름을 부르지 아니하던 나라에게 내가 여기 있노라 내가 여기 있노라 하였노라"(이사야 65:1). 전혀 하나님을 알지도 못하던 이방인들이 하나님을 알게되고 믿게 된 것입니다.

어떤 사람은 오래 전부터 전도를 받았지만 그 복음을 예사로 여기며 살아갑니다. 그러던 어느날 갑자기 교회에 가고 싶은 충동이 일어났습니다. 그런데 그 날에 놀라운 보화, 즉 예수님을 발견하여 엄청난 생의 변화를 가져왔습니다. 어떤 분은 친구 집에 갔다가 교회에 다니는 성도를 만나 대화를 나누는 가운데 예수님의 복음을 듣고 교회에 출석했습니다. 그런데 예수님의 말씀을 듣는데 계속 눈물이 흐릅니다. 이상한 것은 울면서도 마음에는 기쁨이 넘치는 것입니다. 예전의 짜증, 불평, 원망은 다 사라지고 마음에 기쁨이 넘치고 감사가 나옵니다. 이것이 바로 보화를 발견한 것입니다.

성도 여러분, 이것은 결코 우연이 아닙니다. 우리가 보기에는 우연한 것처럼 보이지만 이 모든 것이 다 하나님의 계획 가운데 되는 일입니다.

악한 왕 아합이 어떻게 죽었습니까? 전쟁 중에 적군이 쏜 화살에 맞아 죽었습니다. 무수히 날아오는 화살 중에 누가 쏜 것인지도 모르는 화살에 맞아 죽었습니다. 이것은 우연한 것처럼 보이지만 결코 우연한 것이 아닙니다. 하나님의 심판입니다. 참새 두 마리가 한 앗사리온에 팔리지만 그것 역시 하나님께서 허락하지 않으시면 하나도 땅에 떨어지지 않습니다. 들판의 풀도 하나님의 허락 없이는 결코 베임을 당하여 아궁이 속에 들어갈 수가 없습니다.

성도 여러분, 우리가 오늘 이 자리에 앉아서 예배를 드리는 것은 다 우연히 어쩌다 보니 와서 앉아 있는 것이 아닙니다. 우리가 예수 그리스도를 발견하고, 우리의 인생이 변하고, 감사와 기쁨을 가지고, 어려움 속에서도 소망을 가지고 살아갑니다. 이것은 다 하나님의 영원하신 섭리 가운데 우리를 불러 주신 무한한 하나님의 은혜임을 우리는 알아야 합니다. 그러므로 이 놀라운 보화를 발견하게 하신 주님께 진정한 감사를 드리고, 이 귀중한 보화를 더욱 더 사모하고 은혜 위에 굳게 서는 성도가 됩시다.

3. 보화를 발견했을 때 어떤 행동을 취해야 합니까?

이 성경 본문에 나오는 사람은 아주 지혜롭게 처리하고 있습니다. 이 사람은 생전 처음으로 보는 이 엄청난 보화를 발견했을 때 흥분했을 것입니다. 동시에 불안도 느꼈을 것입니다. 그러나 그는 감정적으로 흥분해서 일을 급하게 처리하지 않았습니다.

1) 그는 일을 지혜롭게 잘 처리하고 있습니다.

먼저 마음속에 이것을 완전히 내 것으로 만들어야겠다고 결심하고 적극적으로 계획을 세웠습니다. 그리고 아무도 빼앗지 못하게 자기의 것으로 만들었습니다.

여기에서 우리에게 주는 교훈이 있습니다. 그것은 우리가 발견한 보화, 즉 하나님의 나라는 구경하며 뒷짐만 지고 감상하는 것이 아닙니다. 진리는 내 것이 되어야 합니다. 천국은 구경하는 것이 아니라 나의 것으로 만들어야 합니다. 우리는 예수 그리스도를 발견했을 때 놓쳐서는 안됩니다. 하나님의 말씀을 내 마음속에 담아야 합니다.

보화를 발견했을 때 그 가치를 모르고 지나버리면 아무런 소용이 없습니다. 그 보화는 내 것이 되지 못합니다. 다른 사람에게 가버립니다.

옛날 아프리카의 어린이들이 번쩍이는 돌을 가지고 놀이를 하고 있었습니다. 지나가던 백인이 그 광경을 보았습니다. 놀랍게도 그 돌은 다이아몬드였습니다. 아프리카의 원주민들이 보화를 몰라보고 번쩍이는 돌로만 생각했던 것입니다. 그러나 그 보화의 가치를 알았던 백인들은 그것을 놓치지 않고 광맥을 찾아서 자기의 것으로 만들었습니다. 보화를 아는 사람만이 그것을 자기의 것으로 만듭니다.

월세와 전세로 이곳 저곳으로 자주 이사를 다니는 사람들의 소원은 자그만 해도 자기 소유의 집 한 채 장만하는 것입니다. 그래서 열심히 일하고 노력해서 드디어 자기의 집을 한 채 마련합니다. 그때의 기쁨은 경험해 본 사람들은 알 것입니다. 내 집이라고 생각할 때 얼마나 기쁘고 감사하겠습니까? 그래서 어떤 일이 있더라도 이제는 내 집을 지켜야겠다는 생각을 할 것입니다.

하나님의 말씀의 보화를 발견한 사람은 어떤 일이 있더라도 놓치지 않습니다. 천국을 발견한 사람은 절대로 놓치지 않습니다. 예수 그리스도를 만난 성도는 어떤 일이 있더라도 결코 그분을 놓치지 않습니다. 영생을 소유한 성도는 결코 그 보화를 놓치지 않습니다.

베드로는 주님 앞에 고백했습니다. "주여 영생의 말씀이 계시오매 우리가 뉘게로 가리이까"(요한복음 6:68).

성도 여러분, 우리는 보화를 발견했습니다. 우리는 하나님의 생명의 말씀을 발견했습니다. 영원한 천국을 소망하며 살아갑니다. 주 예수 그리스도를 구주로 영접했습니다. 우리는 이 보화를 결코 놓치지 말고 끝까지 붙잡고 살아가는 성도가 됩시다.

2) 보화를 발견한 사람은 정당하게 값을 지불하고 그 밭을 샀습니다.

이 사람이 보화를 완전히 자기의 것으로 삼는 것은 쉬운 일이 아닙니다. 이것은 공짜로 되는 것이 아닙니다. 정당하게 그 대가를 지불해야 합니다. 만약 도둑질을 해서 그 보화를 자기의 것으로 삼는다면 어떻게 되겠습니까? 당장 발각되어 그는 불의의 재물을 취한 사람으로 취급되고, 결국 체포되어서 모든 사실을 고백하고 자기가 취한 그 보화를 다 빼앗겨버릴 것입니다.

그래서 이 사람은 정당하게 값을 주고 그 보화가 숨겨진 밭을 샀습니다. 자기의 소유를 다 팔아서 그 값을 정당하게 지불하고 샀습니다. 그러나 이것은 잃는 것이 아니라 얻는 것입니다. 이것은 대를 위해서 소를 희생시키는 것입니다. 많은 보화를 얻기 위해 적은 것을 버리는 것입니다. 그러나 그는 합법적으로 정당하게 일을 처리했습니다.

여기에서 우리에게 주는 교훈은 무엇입니까? 우리가 예수님을 믿고 영생을 얻어 천국의 보화를 얻는 것도 마찬가지입니다. 정당하게 값을 지불하고 믿어야 합니다. 그 값은 예수 그리스도가 다 지불해 주셨습니다. 너무도 아름답고 좋은 천국의 보화는 아무에게도 주시지 않습니다. 죄인은 천국에 들어갈 수 없습니다. 그 죄를 다 청산하고 거룩하고 깨끗해야 들어갈 수 있습니다. 그래서 우리 주 예수 그리스도께서 우리의 모든 죄를 다 담당하시고 갈보리산 십자가에서 자신의 생명을 주셨습니다. 우리의 모든 죄 값을 예수 그리스도께서 자신의 몸값으로 지불하셨습니다. 그러므로 주 예수 그리스도를 통해 우리는 천국에 들어갈 수 있습니다.

천국에는 아무나 들어갈 수 있는 것이 아닙니다. 주 예수 그리스도를 믿어야 들어갈 수 있습니다. 정당한 값을 치르고 천국의 보화를 사는 것입니다. 천국은 돈으로 사는 것이 아닙니다. 물론 누구든지 교회에 나올 수 있고 예수를 믿을 수 있습니다. 그러나 천국의 보화는 엄청난 대가를 지불하신 예수 그리스도를 통해서만이 가능합니다. 여기서 우리에게 가르쳐 주시는 교훈은 너무 쉽게 적당하게 믿어서는 안된다는 것입니다. 천국은 지름길이 없음을 보여줍니다.

성도 여러분, 우리는 주 예수 그리스도로 인해 영생을 얻었고 천국의 시민이 되었습니다. 우리는 이 귀한 보화를 얻었습니다. 천국을 향하는 신앙 생활에는 여러 가지 어려움과 힘든 일이 있을 수 있습니다. 그러나 우리가 얻은 이 보화를 끝까지 소유해야 합니다.

어떤 성도는 이렇게 기도한다고 합니다. "하나님 아버지, 간구하옵나니 제발 저에게는 아무런 시험도 고생도 없이 살다가 천국에 들어가게 해 주시옵소서." 이것은 잘못된 기도입니다. 천국 가는 길은 보화를 얻는 길인데 정당하게 지불할 것은 지불하면서 정당한 코스를 밟아야 합니다.

보화를 발견한 사람은 그 보화를 얻기 위해 자기의 모든 소유를 다 팔았습니다. 우리도 천국의 보화를 발견한 사람으로서 하나님께 예배드리는 일에 최선을 다해야 합니다. 열심히 성경말씀을 읽고 배우고 묵상해야 합니다. 그리고 말씀대로 순종하며 살아야 합니다. 기도생활을 통해 하나님과 늘 교제하는 삶을 살아야 합니다. 하나님의 복음을 열심히 전해야 합니다. 하나님의 것을 하나님께 바칠 수 있어야 합니다.

그런데 많은 사람들이 그렇게 하지 못하는데 문제가 있습니다. 왜 그렇습니까? 항상 문제는 모든 것을 내가 다 가지려고 하는데 있습니다. 예수님도 가지고 세상도 가지려고 합니다. 천국도 가지고 물질도 가지려고 합니다.

주님은 말씀하셨습니다. "한 사람이 두 주인을 섬기지 못할 것이니 혹 이를 미워하며 저를 사랑하거나 혹 이를 중히 여기며 저를 경히 여김이라 너희가 하나님과 재물을 겸하여 섬기지 못하느니라"(마태복음 6:24), "누구든지 자기 십자가를 지고 나를 좇지 않는 자도 능히 나의 제자가 되지 못하리라"(누가복음 14:27).

성도 여러분, 우리는 우리가 발견한 보화, 즉 천국을 위해 주님을 위해 세상의 것을 버릴 줄 알아야 합니다. 그 사람이 참된 보화를 아는 사람입니다.

우리가 만약 1,000억 짜리 보화를 발견했다면, 내가 가지고 있는 1억을 버리고 그 1,000억을 찾으려고 모든 노력을 다할 것입니다.

종교개혁자 마틴 루터는 "우리는 거지이다"(wir sien petler)라고 했습니다. 그렇습니다. 우리는 거지와 같습니다. 우리가 가진 것이 얼마나 되겠습니까? 그러나 우리 하나님은 모든 것을 다 가지고 계십니다. 그 하나님께서 우리를 자녀로 삼아 주셨습니다. 그러므로 우리는 하나님 안에서 보화를 발견하고 소유한 사람이 되었습니다.

성경은 말씀합니다. "자기 아들을 아끼지 아니하시고 우리 모든 사람을 위하여 내어 주신 이가 어찌 그 아들과 함께 모든 것을 우리에게 은사로 주지 아니하시겠느뇨"(로마서 8:32), "자녀이면 또한 후사 곧 하나님의 후사요 그리스도와 함께 한 후사니 우리가 그와 함께 영광을 받기 위하여 고난도 함께 받아야 될 것이니라"(로마서 8:17).

성도 여러분, 우리는 예수 그리스도 안에서 믿음으로 하나님의 자녀가 되었습니다. 영원한 생명을 얻었습니다. 천국을 소유했습니다. 하나님은 우리의 편이요, 우리는 하나님의 상속자가 되었습니다. 우리는 이 놀라운 보화를 발견한 사람들입니다. 그렇다면 이 엄청난 영광스러운 보화를 얻기 위해 우리가 무엇인가를 지불한다면, 이것은 너무도 확실한 투자이며 가장 가치 있는 일이 아니겠습니까?

사도 바울은 예수 그리스도의 보화를 발견한 후 너무도 기쁘고 감격하여 그의 소원을 고백합니다. "나의 간절한 기대와 소망을 따라 아무 일에든지 부끄럽지 아니하고 오직 전과 같이 이제도 온전히 담대하여 살든지 죽든지 내 몸에서 그리스도가 존귀히 되게 하려 하나니"(빌립보서 1:20).

성도 여러분, 예수 그리스도는 너무도 소중하고 귀한 보배입니다. 예수 그리스도를 통해 얻는 천국이야말로 그 무엇과도 바꿀 수 없는 최고의 보화입니다. 이 보화를 얻기 위해 우리는 정당한 신앙의 길을 걸어가야 합니다. 우리에게 영생의 보화를 주시기 위해 자신의 생명까지 주신 주 예수 그리스도를 사랑하고 섬기며, 믿음으로 사는 이 일을 위해 우리도 정당한 대가를 지불합시다. 그리고 끝까지 이 보화를 놓치지 않고 다른 사람들에게 소개해 주는 천국백성의 삶을 살아갑시다.

3) 보화를 발견한 사람은 보화를 얻기 위해 그 밭을 다 샀습니다.

보화만 살 수 없습니다. 주인에게 발각되어 빼앗길 수도 있기 때문입니다. 사실 이 사람에게는 밭이 필요한 것이 아니라 보화가 필요했습니다. 그러나 보화를 얻기 위해서는 그 보화가 있는 밭까지 다 사야만 했습니다.

성도 여러분, 우리는 예수 그리스도 한 분만으로도 족합니다. 그러나 우리는 예수 그리스도를 소유하고 구원을 얻고 영생을 소유하고 천국에 가기 위해서는 교회를 통해서 가야 합니다. 물론 우리는 예수 그리스도를 믿음으로 구원받고 천국에 들어갈 수 있습니다. 그러나 구원받은 백성들은 이 교회를 통해 훈련받고, 하나님을 섬기면서 천국으로 가게 하는 것이 하나님의 방법입니다.

어떤 분들은 보화 되신 예수님은 좋으나 교회는 싫다고 합니다. 교회의 조직, 의식, 봉사, 선교, 사업 등이 부담스럽다는 것이 그 이유입니다. 그러나 우리는 알아야 합니다. 하나님은 비록 우리가 교회를 싫어한다 할지라도 그의 백성들이 교회에 소속하여 교회를 통해 신앙 생활 하기를 기뻐하시고 원하십니다. 우리는 교회에서 예배드려야 합니다. 말씀을 공부해야 합니다. 헌금도 드려야 합니다. 교회의 봉사활동에도 참여해야 합니다. 이것은 보화를 얻기 위해서 밭을 사는 것과 같습니다.

교회는 예수님께서 세우셨습니다. 예수 그리스도가 머리가 되시고 우리는 그의 지체들입니다. 지체가 된 우리는 의무를 다해야 합니다. 예배와 교육과 선교와 봉사의 의무를 다하고, 말씀을 배우는 일에 참여하는 것은 당연한 것입니다.

어떤 조직은 교회가 필요 없다고 합니다. '우리끼리 예배드리고 묵상하면 된다.'고 합니다. 우리끼리 성경을 공부하고 은혜를 나누면 된다고 합니다. 소위 무교회주의입니다. 그래서 같은 뜻을 가진 사람들끼리 교회 바깥에 모여서 예배드리고 성경공부도 하고 성찬식도 합니다. 교회를 싫어하는 사람들이 스스로 또 하나의 교회, 교단을 만들어 가고 있는 것입니다. 이러한 행동은 성경에 말씀하고 있는 몸 된 그리스도의 교회의 기능을 무시하는 그릇된 일입니다.

성경은 신·구약 66권입니다. 그런데 어떤 사람은 구약이 어렵고 싫어서 신약만 보고 믿겠다는 단체가 있습니다. 그러나 이것 역시 잘못된 것입니다. 밭을 사야 보화를 사듯이 우리는 성경도 66권을 다 읽어야 합니다.

문제는 마귀의 역사입니다. 이 마귀는 자기의 종노릇하던 사람이 예수님을 발견하고 자기를 버리므로 빼앗기지 않으려고 온갖 수단을 다 동원하여 방해를 합니다. 천국의 보화를 소유하고 그 길을 가려는 성도에게도 어려움과 핍박을 하기도 합니다. 이때 포기하거나 좌절하면 안됩니다. 우리는 보화를 빼앗기면 안됩니다. 우리는 끝까지 주의 약속만 믿고 세상적인 것은 바라보지 말고 영원한 하늘 나라를 바라보아야 합니다. 엄청난 보화가 기다리고 있습니다.

성도 여러분, 우리는 보화를 얻기 위해서 밭을 사야 합니다. 보화를 얻기 위해서 정당한 지불을 해야 합니다. 사이비, 이단, 이상한 무리를 경계해야 합니다.

4. 보화를 가진 성도의 삶은 어떠해야 합니까?

내가 보화를 가진 성도임을 어떻게 알 수 있습니까? 그 증거가 무엇입니까?

1) 주님의 집을 사모해야 합니다.

"주의 궁정에서 한 날이 다른 곳에서 천 날보다 나은즉 악인의 장막에 거함보다 내 하나님 문지기로 있는 것이 좋사오니"(시편 84:10).

하나님의 전을 사모하며 예배드리기를 즐거워하며 힘을 쓰는 것입니다. 하늘의 보화를 가진 성도는 사슴이 시냇물을 사모함 같이 천국을 사모해야 합니다. 예수 그리스도를 사모해야 합니다. 모든 삶의 초점을 천국에 맞추어야 합니다. 예수님께 모든 삶의 초점을 맞추어야 합니다.

2) 말씀을 사모해야 합니다.

하나님의 백성은 하나님의 말씀을 먹고 살아야 합니다. 천국백성은 천국의 법대로 행해야 합니다. 천국의 보화를 가진 성도는 생명의 말씀을 사모하며 먹고 성장해야 합니다. 비록 우리는 이 세상에 살아도 천국의 백성들입니다. 그러므로 하나님의 말씀을 우리 삶의 최우선 순위에 두어야 합니다. 그 말씀을 배우고 그 말씀대로 살기를 사모해야 합니다.

우리는 얼마나 말씀을 사모하고 있습니까? 세상의 정보와 소식은 훤하게 알고 제일먼저 챙기면서, 하나님의 말씀을 읽고 배우는 일에는 얼마나 힘을 쓰고 있습니까? 우리가 세상의 것에 몰입하면 세상의 지식은 배부를지 모르나 그것이 우리의 영혼을 배부르게 하지는 못합니다. 하나님의 말씀을 배우지 않으면 영이 말라갑니다. 영에 힘이 없습니다. 능력 있는 삶을 살지 못합니다. 그러므로 우리는 하나님의 말씀을 가까이 하여 영혼이 배부르게 해야 합니다.

성경은 말씀합니다. "모든 성경은 하나님의 감동으로 된 것으로 교훈과 책망과 바르게 함과 의로 교육하기에 유익하니 이는 하나님의 사람으로 온전케 하며 모든 선한 일을 행하기에 온전케 하려 함이니라"(디모데후서 3:16-17), "하나님의 말씀은 살았고 운동력이 있어 좌우에 날선 어떤 검보다도 예리하여 혼과 영과 및 관절과 골수를 찔러 쪼개기까지 하며 또 마음의 생각과 뜻을 감찰하나니"(히브리서 4:12).

성도 여러분, 우리는 보화를 가진 천국백성들로서 "내가 주의 계명을 금 곧 정금보다 더 사랑하나이다"(시편 119:127)라고 고백한 시편 기자의 고백처럼 말씀을 사모하는 성도가 됩시다.

3) 거짓을 미워하고 죄악을 멀리해야 합니다.

천국에 소망을 두고 사는 하나님의 백성은 거짓을 미워합니다. 그리고 죄악을 멀리 합니다.

우리는 거룩한 하나님의 성전이 된 몸입니다. 성경은 말씀합니다. "너희가 하나님의 성전인 것과 하나님의 성령이 너희 안에 거하시는 것을 알지 못하느뇨"(고린도전서 3:16). 그러므로 우리는 거룩한 삶을 살아야 합니다. 우리도 사도 바울과 같은 각오를 해야 합니다. "형제들아 나는 아직 내가 잡은 줄로 여기지 아니하고 오직 한 일 즉 뒤에 있는 것은 잊어버리고 앞에 있는 것을 잡으려고 푯대를 향하여 그리스도 예수 안에서 하나님이 위에서 부르신 부름의 상을 위하여 좇아가노라"(빌립보서 3:13-14).

성도 여러분, 우리는 천국의 보화를 가진 성도로서 이렇게 다짐합시다. "그러므로 내가 범사에 주의 법도를 바르게 여기고 모든 거짓 행위를 미워하나이다"(시편 119:128).

4) 감사해야 합니다.

 보화를 가진 사람은 항상 마음이 기쁩니다. 남들이 알지 못하는 보화를 가진 사람은 항상 즐겁고 감사할 뿐입니다. 천국의 보화를 가진 사람의 삶은 항상 감사합니다. 우리는 영원한 천국의 보화를 가진 것을 감사하고, 매일의 생활 속에서 감사하며 살아야 합니다. 우리는 영원한 천국을 이미 약속 받은 성도들입니다. 또한 이 세상의 생활도 주께서 보호하시고 책임져 주시고 인도하십니다. 그러므로 우리는 감사해야 합니다.

 교부 크리소스톰에게 황제는 예수님을 믿는 신앙을 포기하라고 명령했지만 그는 포기하지 않았습니다. 그 이유로 크리소스톰은 체포되었습니다. 황제는 신하에게 명령했습니다. "그를 고독한 감방에 집어넣어라." 그때 신하가 "안됩니다. 하루 종일 하나님과 함께 있으므로 싱글벙글 좋아할 것입니다." 하고 대답했습니다. "그러면 극악무도한 죄수들이 있는 감방으로 넣으라." "안됩니다. 그는 전도할 기회라고 좋다할 것이며, 그 곳에 있는 죄수들을 모두 전도하여 신자로 만들어 버릴 것입니다." "그러면 당장 목을 쳐라." "안됩니다. 그것은 그가 바라는 제일 큰상입니다. 그는 순교를 사모합니다. 오히려 크게 기뻐할 것입니다. 그의 얼굴에 광채가 날 것입니다." 그러자 황제는 "그러면 이 놈을 어떻게 할 것인가?" 하고 탄식했다고 합니다.

성도 여러분, 천국의 보화를 가진 성도는 어떤 환경을 만나도 낙심하지 않습니다. 사방으로 포위를 당하고 우겨쌈을 당하고 핍박을 받아도 버린 바 되지 않습니다. 거꾸러뜨림을 받아도 넘어지지 않습니다. 결코 절망하지도 않습니다. 그 이유는 참된 보화를 가졌기 때문입니다. 영원한 보화 되신 주 예수 그리스도를 소유했기 때문입니다.

사랑하는 성도 여러분!

우리에게 영원한 보화를 보여주시고 발견하게 하시고 소유하게 하신 하나님께 감사합시다. 전적으로 주의 은혜로 구원받아 천국을 소유하고 주 예수 그리스도를 모신 것을 감사합시다. 우리는 한 순간도 주 예수 그리스도에게서 시선을 떼거나 놓치지 말고, 매일 주의 전과 주의 말씀을 사모하고, 거짓과 죄악을 멀리합시다. 그리고 항상 감사가 충만한 삶을 살아, 아직도 이 보화를 발견하지 못한 사람들에게 소개하고 전달하는 성도가 됩시다. 아멘.

⁴⁵또) 천국은 마치 좋은 진주를 구하는 장사와 같으니 ⁴⁶극히 값진 진주하나를 만나
매 가서 자기의 소유를 다 팔아 그 진주를 샀느니라

(마태복음 13:45-46)

천국과 진주장사

사람들은 너무 좋은 것을 발견하게 되면 모든 마음을 거기에 다 빼앗겨 버립니다. 오직 그것만을 생각하게 됩니다. 그래서 그것을 소유하기 위해 백방으로 노력하게 됩니다. 그리고 그것을 소유했을 때의 기쁨은 그 무엇과도 바꿀 수 없는 소중한 것이 됩니다.

진주는 그 당시에 아주 귀중한 것으로 여겨졌습니다. 가장 고가품으로 여긴 진주는 페르샤만과 인도양 등지에서 채취한 것이었습니다. 또한 그 때는 부자가 아니면 이 지역에서는 진주 구하기가 아주 어려웠습니다.

성경에도 진주는 고결한 것을 상징하는 물품으로 취급하고 있습니다. 그래서 이 좋은 진주를 구하러 다니는 장수가 있었습니다. 이 장수는 이곳 저곳으로 여행을 다니면서 장사를 하는 부유한 도매상인을 말하는데, 이 장수는 전문적인 안목을 가지고 진주가 나올 만한 곳으로 찾아다닙니다.

예수님은 오늘 성경말씀에서 "또 천국은 마치 좋은 진주를 구하는 장사와 같으니 극히 값진 진주하나를 만나매 가서 자기의 소유를 다 팔아 그 진주를 샀느니라"(마태복음 13:45-46)고 하셨습니다.

천국을 진주를 찾아 나선 장수에 비유한 것은 무슨 교훈이 있습니까?

1. 진주장수와 같습니다.

감추인 보화와 진주는 공통점과 차이점이 있습니다.

1) 공통점은 무엇입니까?

둘 다 발견을 한 것입니다. 밭에 있는 보화도 발견하고 진주도 역시 발견했습니다. 그리고 발견했을 때 기뻐했습니다.

그리고 그것을 가지기 위해 모든 것을 다 팔았습니다. 그리고 그것을 자기의 완전한 소유로 삼았습니다.

2) 다른 점은 무엇입니까?

보화는 금 덩어리와 같은 것이므로 언제든지 화폐로서의 가치가 있고 교환할 수 있습니다. 그러나 진주는 돈으로 계산할 수 있는 성질의 것이 아니라, 돈과는 관계없이 자기가 가지고 있어야 하는 가장 소중한 보배입니다. 진주는 돈으로 평가할 수 없는, 물질보다 더 높은 가치가 있습니다. 그리고 보화는 우연히 발견한 것인 반면, 진주는 찾아 헤매다가 발견했습니다. 진주장수는 진주를 수집하기 위해서 여러 곳에 다니면서 수집하고 팔기도 하는 사람입니다. 그러던 어느날 귀하고 값진 진주를 발견했습니다. 이 진주는 지금까지 자기가 찾기 위해 수고하고 사모하다가 발견했습니다. 그때 진주를 발견한 사람의 정신적인 기쁨과 그 가치는 얼마나 특별한 것이 되겠습니까?

요즈음은 다이아몬드를 최고의 보석으로 알아줍니다. 그래서 결혼 예물로 다이아몬드를 얼마나 크고 좋은 것으로 많이 해 주느냐에 관심이 많습니다. 그래서 이 패물 때문에 결혼이 깨어지는 경우도 종종 있다고 합니다. 그러나 이 다이아몬드를 많이 가지느냐 적게 가지느냐가 행복을 좌우하는 것은 아닙니다. 사실 다이아몬드는 처음부터 지금 우리가 보는 것처럼 빛나는 보석이 아닙니다. 원석을 캐내어 그것을 잘 다듬어서 정교하게 세공하여 만든 것입니다.

그러나 다이아몬드가 발견되기 전에는 진주가 가장 귀중한 보석으로 취급받았습니다. 진주는 가공할 필요도 없이 자연 그대로의 영롱한 빛과 아름다운 색깔로 최고의 사랑을 받았던 보석입니다. 진주의 가치는 크기와 색깔, 둥근 모양이 크면 클수록 고가입니다. 그리고 같은 값이면 티가 없이 아름다운 색채를 띤 것을 귀한 것으로 봅니다. 그래서 특별히 여인들이 이 보석을 가지고 싶어했습니다. 이 진주를 구입했을 때는 두고두고 그 아름다움을 바라보며 소중하게 간직했습니다. 이것은 돈으로 바꿀 수 없는 것입니다.

우리는 여기서 진주 장수는 좋은 진주를 발견하기 위해 찾아다니는 사람입니다. 진주 장수는 진리를 추구하는 사람의 모습을 보여줍니다.

극히 값진 진주 하나라는 말에서 값진 진주는 훨씬 고급스럽고 값이 나간다는 뜻입니다. 그리고 여기에서 '하나'는 오직 하나뿐입니다. 이 세상에서 가장 고급스럽고 가장 가치가 있는 오직 하나는 무엇입니까? 그것은 천국입니다. 영생입니다. 예수 그리스도의 십자가의 구속의 피입니다. 우리를 위해

갈보리산 십자가 위에서 대속의 피를 흘려주신 하나님의 크신 은혜야말로 극히 값진 진주와 비교할 수 있습니다.

값진 진주를 발견했다는 그 자체가 축복이요 은혜입니다. 우리가 주 예수 그리스도의 십자가의 은혜를 알게 되고, 모든 죄를 용서함 받고 영생을 얻어 천국의 시민이 되었다는 것이야말로 가장 큰 은혜요 축복입니다. 이것이야말로 가장 값진 진주를 발견한 것입니다. 이것은 돈으로 계산할 수 없습니다. 돈으로 살 수도 없고 돈으로 그 가치를 계산할 수도 없습니다.

성도 여러분, 저와 여러분은 이 놀라운 은혜를 받은 사람들입니다. 우리는 이 세상 사람들이 찾아 헤매고 있는 값진 진주를 이미 찾았습니다. 이것은 우리의 힘으로 된 것이 아닙니다. 전적으로 주님의 은혜로 된 것입니다. 그러므로 우리는 이 놀라운 천국과 영생, 구원을 소유한 사람이 된 것을 감사합시다. 이렇게 귀한 보배를 아직도 모르는 사람들에게 소개하고 가르쳐 주는 성도가 됩시다.

2. 이 아름답고 귀한 진주를 발견한 진주 장수는 이것을 자기의 것으로 만들려고 결심했습니다.

그래서 즉시 자기의 소유를 다 팔아서 귀한 진주를 샀습니다. 이 장수의 행동은 아주 적극적이고 행동적입니다. 주저하지 않고 생동감이 넘치는 모습을 보여줍니다. 이 장수는 값진 진주를 발견했을 때 다른 것은 제쳐 두고 진주를 사야겠다고 결단을 내렸습니다.

1) 진리를 발견한 사람은 진리를 소유하기 위해서 결단이 필요하다는 것을 보여줍니다.

아무리 좋은 보물이라도 모르면 아무런 소용이 없습니다. 그러나 이 진주장수는 그 진주의 가치를 분별할 줄 아는 능력을 가졌습니다. 가치 있는 것과 가치 없는 것을 분별할 줄 알았습니다.

요즈음 석유 값이 오르는 바람에 세계 경제가 비상에 걸렸습니다. 석유 한 방울 나지 않는 우리 나라는 더욱 더 심각한 위기를 맞이하고 있습니다. 그러므로 우리는 전기를 아끼고 기름을 아끼며 에너지를 절약해야 합니다. 석유는 검은 황금으로 불립니다. 그런데 이 석유가 처음으로 개발되었을 때 이란이나 아라비아 지역의 사람들은 그것이 얼마나 귀한 보배라는 것을 몰랐습니다. 그래서 백인들에게 많이 빼앗겼습니다. 그것은 석유의 가치를 몰랐기 때문입니다. 분별력이 없었기 때문입니다.

진주를 돼지에게 던지면 아무런 소용이 없습니다. 왜냐하면 돼지는 그 가치를 모르기 때문입니다.

우리는 진짜와 가짜를 분별할 줄 알아야 합니다. 진리와 거짓을 분별할 줄 알아야 합니다. 영의 것과 육의 것을 분별할 줄 알아야 합니다.

성도 여러분, 우리의 보배는 주 예수 그리스도와 복음입니다. 그런데 세상에서는 이것이 별로 인기가 없고 알아주지도 않습니다. 오히려 핍박을 합니다.

「천로 역정」에 보면 신실과 소망이라는 사람이 거짓시장에 도착합니다. 여기에는 모두 가짜와 헛된 것뿐입니다. "무엇을 사겠느냐?"는 질문을 받고 신실과 소망은 "우리는 진리를 사겠다."고 대답했습니다. 그러자 거기에 있는 사람들을 통해서 많은 핍박을 받게됩니다.

우리는 이 세상에서 선택을 해야 할 때가 많습니다.
'진리를 선택할 것인가, 아니면 거짓을 선택할 것인가?', '예수 그리스도를 선택할 것인가, 아니면 바라바를 선택할 것인가?', '천국을 선택할 것인가, 아니면 지옥 선택할 것인가?', '하나님을 선택할 것인가, 아니면 재물 선택할 것인가?', '영원한 것을 선택할 것인가, 아니면 일시적인 것을 선택할 것인가?', '영적인 것을 선택할 것인가, 아니면 물질적인 것을 선택할 것인가?', 우리는 무엇을 선택해야 합니까?

지혜로운 자는 분별력이 있어 무엇이 귀하고 소중한 것인가를 바로 알기 때문에 당연히 보배를 선택합니다. 하나님의 백성인 우리는 예수 그리스도를 통하여 영생, 구원, 천국이라는 엄청난 보화를 발견했습니다. 그래서 이 보화를 선택함으로 세상으로부터 때로는 조롱을 당하기도 하고 핍박을 받을 때도 있습니다. 그러나 너무도 엄청나고 귀한 가치를 알기 때문에 능히 인내하고 기뻐합니다.

2) 진주를 발견한 사람은 이 진주를 자기의 것으로 만들기 위해서 자기의 가진 것을 다 팔아서 진주를 살 만큼 결단력을 가진 사람입니다.

이 사람은 더 좋은 것을 얻게 위해서 자기의 가진 모든 것을 다 포기했습니다.

우리도 예수 그리스도와 영원한 생명과 천국을 소유하기 위해서 세상적인 것을 버릴 줄도 알아야 합니다. 우리가 가지고 있는 모든 세상적인 것을 다 팔아서라도 그것을 소유해야 합니다.

우리는 값진 진주를 소유하기 위해서 무엇을 팔아야 합니까?

① 옛 사람을 팔아버려야 합니다.

예수 믿기 이전의 나의 모습을 버려야 합니다. 성경은 말씀합니다. "너희는 유혹의 욕심을 따라 썩어져 가는 구습을 좇는 옛 사람을 벗어버리고"(에베소서 4:22). 구습을 버리고 옛 사람을 버려야 합니다. "그런즉 누구든지 그리스도 안에 있으면 새로운 피조물이라 이전 것은 지나갔으니 보라 새 것이 되었도다"(고린도후서 5:17). 이전 것은 다 지나갔으니 버려야 합니다. "형제들아 내가 이것을 말하노니 혈과 육은 하나님 나라를 유업으로 받을 수 없고 또한 썩은 것은 썩지 아니한 것을 유업으로 받지 못하느니라"(고린도전서 15:50). 혈과 육을 버려야 합니다. 이런 것들을 다 버려야 귀한 보배이신 예수 그리스도를 소유할 수 있습니다.

② 조상들로부터 받은 망령된 행실들을 버려야 합니다.

성경은 말씀합니다. "너희가 알거니와 너희 조상의 유전한 망령된 행실에서 구속된 것은 은이나 금같이 없어질 것으로 한 것이 아니요"(베드로전서 1:18), "그러므로 내가 이것을 말하며 주 안에서 증거하노니 이제부터는 이방인이 그 마음의 허망한 것으로 행함 같이 너희는 행하지 말라"(에베소서 4:17). 망령되고 허망한 것들을 버려야 합니다.

③ 세상의 것을 버려야 합니다.

예수님은 말씀하십니다. "아비나 어미를 나보다 더 사랑하는 자는 내게 합당치 아니하고 아들이나 딸을 나보다 더 사랑하는 자도 내게 합당치 아니하고 또 자기 십자가를 지고 나를 좇지 않는 자도 내게 합당치 아니하니라"(마태복음 10:37-38). 우리는 세상의 것을 다 버려야 합니다.

④ 세상의 물질도 팔아 버릴 줄 알아야 합니다.

성경은 증거합니다. 한 부자 청년이 예수님을 찾아와서 어떻게 하면 영생을 얻을 수 있는지 물었습니다. 그때 예수님은 그 청년에게 한 가지 부족한 것이 있다고 하셨습니다. 그것은 바로 그 청년이 지금 많은 재물 때문에 물질의 노예가 되어 있다는 것입니다. 그 물질 때문에 영생의 가치를 바로 알지 못하고 물질 때문에 천국을 포기하고 있다는 것입니다. 결국 그 청년은 천국에 대한 말씀은 들었으나 영원한 천국보다는 잠시 있다가 없어질 세상의 재물을 따라 심히 걱정하면서 가버렸습니다. 그 청년은 진주를 발견하지도 못하고 소유하지도 못했습니다.

반면 삭개오는 세리장으로 부정 축재로 재산을 모은 큰부자였습니다. 그러나 삭개오는 진주 장수처럼 진리를 찾아 보화를 찾아 헤매고 있었습니다. 그는 예수 그리스도를 만나려고 노력하는 사람입니다. 삭개오는 예수님이 오신다는 소식을 듣고 밖으로 나갔습니다. 키가 작은 삭개오는 사람들이 너무 많아 뽕나무 위에 올라갔습니다. 예수님의 말씀을 듣고 그 얼굴을 보기 위해서였습니다. 그는 적극적으로 행동한 사람입니다. 그런데 예수님이 이 모든 것을 다 아시고 뽕나무 밑으로 오시어 "삭개오야, 속히 내려오라 내가 오늘 네 집에 유하여야 하겠다"(누가복음 19:5)고 말씀하셨습니다. 삭개오는 예수님과 그 일행을 자기 집으로 모시어 잔치를 벌여 정성으로 대접했습니다. 그리고 그는 예수님 앞에 나와서 놀라운 결단을 내렸습니다. "삭개오가 서서 주께 여짜오되 주여 보시옵소서 내 소유의 절반을 가난한 자들에게 주겠사오며 만일 뉘 것을 토색한 일이 있으면 사 배나 갚겠나이다"(누가복음 19:8). 이때 예수님은 그에게 말씀하셨습니다. "오늘 구원이 이 집에 이르렀으니 이 사람도 아브라함의 자손임이로다 인자의 온 것은 잃어버린 자를 찾아 구원하려 함이니라"(누가복음 19:9-10).

삭개오는 드디어 자기가 찾고 있던 값비싼 진주와 보화를 얻었습니다. 진주를 발견하고 자기의 소유를 버릴 때 비로소 그는 그리스도를 소유할 수 있었습니다. 자신의 것을 희생할 때 그는 비교할 수 없는 더 좋은 보배를 얻을 수 있었습니다.

보화를 얻기 위해서 세상의 것을 버리고 자신을 버릴 줄 알아야 합니다. 성경은 말씀합니다. "그리스도 예수의 사람들은 육체와 함께 그 정과 욕심을 십자가에 못 박았느니라"(갈라디아서 5:24).

예수 그리스도가 누구신 줄 참 가치를 아는 자는 값진 진주를 발견한 사람처럼 자기의 모든 것을 다 버리고 예수님을 따라갑니다.

세기의 유명한 사랑의 주인공으로 알려진 윈저공은 부왕이 물려준 영국의 에드워드 8세라는 이름으로 오른 왕위를 버림으로 세상을 놀라게 했는가 하면 감동도 시켰습니다. 그가 왕위를 버린 것은 심프슨 부인과의 사랑을 위해서였습니다. 당시 영국은 지구인의 4분의 1을 다스리는 대제국이었습니다. 그러나 그는 왕위에 오른 지 10개월만에 '왕위냐, 사랑이냐' 어느 것을 택할 것인가 고민하기 시작했습니다. 당시 41세의 노총각인 에드워드는 미국의 이혼녀인 39세의 심프슨과 사랑에 빠져 있었습니다. 영국 황실의 전통과 국교인 성공회는 이 결혼을 허락할 수 없다고 결론 내렸습니다. 그러자 그는 "왕위는 버릴 수 있어도 사랑만은 버릴 수 없다."고 말하고, 미련 없이 왕관을 버리고 파리에서 심프슨 부인과 결혼했습니다. 만년에 윈저공은 이렇게 말했습니다. "아마 시계 바늘을 지금 다시 돌려놓는다고 하더라도 나는 같은 길을 선택했을 것이다." 그는 그 당시의 심정을 이렇게 말했습니다. '나는 왕위를 버리기로 결심하면서 영국의 황태자로서, 그리고 영국의 국왕으로서 25년 간 섬겨온 대영제국의 일들을 잊지 않았습니다. 그러나 왕위는 버릴 수 있어도 사랑만은 버릴 수 없었습니다." 사랑은 위대하고 아름답습니다.

그러나 이 세상의 사랑보다 더 위대하고 더 아름다운 사랑이 있습니다. 그것은 바로 자신의 생명과 모든 영광을 다 포기하시고 우리에게 영원한 생명을 주신 예수 그리스도의 사랑입니다. 예수 그리스도의 십자가의 사랑이야말로 세상의 그 어떤 것과도 비교할 수 없는 가장 고귀하고 아름다운 보화입니다.

성경은 말씀합니다. "우리가 아직 죄인 되었을 때에 그리스도께서 우리를 위하여 죽으심으로 하나님께서 우리에게 대한 자기의 사랑을 확증하셨느니라"(로마서 5:8), "하나님이 세상을 이처럼 사랑하사 독생자를 주셨으니 이는 저를 믿는 자마다 멸망치 않고 영생을 얻게 하려 하심이니라"(요한복음 3:16). 그리고 주님은 약속하셨습니다. "내가 너희에게 분부한 모든 것을 가르쳐 지키게 하라 볼지어다 내가 세상 끝날까지 너희와 항상 함께 있으리라 하시니라"(마태복음 28:20).

성도 여러분, 주 예수 그리스도는 우리에게 영원한 생명을 주시고, 영원한 천국을 주신 영원한 진주이십니다. 그러므로 우리는 영원한 진주요 보화가 되시는 주 예수님을 소유하기 위해, 우리가 가진 것을 버릴 줄 알고, 우리의 옛 사람과 세속화된 우리의 잘못된 삶을 버리고자 믿음의 결단을 내리는 성도가 됩시다.

3. 진주를 가진 자의 삶

천신만고 끝에 값진 진주를 발견한 사람은 자기의 소유를 다 팔아서 드디어 그 진주를 자기의 것으로 삼았습니다. 이 진주를 차지한 사람의 삶은 어떠합니까?

1) 기쁨과 만족이 충만한 삶입니다.

무엇 때문에 기쁨과 만족이 충만합니까? 그것은 오직 진주 때문입니다. 자신은 그대로이지만 진주를 소유했기 때문에 변화가 나타났습니다. 다른 사람은 알 수 없습니다. 그러나 진주를 소유한 사람은 너무도 기쁘고 흡족합니다.

주 예수 그리스도를 소유한 사람도 기쁨과 만족이 충만합니다. 왜냐하면 영원한 진주되신 주 예수님을 모신 결과 변화가 일어났기 때문입니다. 예수 그리스도를 통해 영원한 구원을 얻었고 천국을 소유했습니다. 그런데 다른 사람은 이 기분을 알 수 없습니다. 예수 그리스도가 얼마나 귀한 분이며 얼마나 좋은 지를 모릅니다. 가치를 모르는 사람은 그 기쁨과 만족을 알 수 없습니다. 그러나 우리는 예수 그리스도가 얼마나 위대하며 그리스도의 사랑이 얼마나 값진 것인가를 알기 때문에 기뻐하고 만족할 수 있습니다.

건강하다는 것이 얼마나 좋은 것인지를 아는 사람은 건강한 것에 대해 기뻐하고 감사합니다. 시간의 소중성을 아는 사람은 그 시간을 아주 잘 사용합니다. 젊음의 귀중성을 아는 사람은 청년의 때를 결코 허비하지 않습니다. 결코 젊음을 범죄하는데 사용하거나 함부로 사용하지 않습니다. 가정이 얼마나 소중한 가를 아는 사람은 가정을 사랑하고 지키며 아낍니다.

주 예수 그리스도를 소유한 성도는 그 가치를 잘 알고 있습니다. 그러므로 그의 삶이 바뀌고 감사와 만족이 있고 소망이 넘칩니다.

우리와 자매교회인 요하네스버그 한인교회에 사업을 하는 귀한 집사님 한 분이 있습니다. 우리 교회에서 선교지 방문을 가면 장거리 여행을 하게 되는데 그 거리가 왕복 2,000km 정도입니다. 지금까지는 주로 목사님이 안내를 해 왔으나 금번에는 이 집사님이 자원해서 운전하게 되었습니다. 자동차 안에서 많은 대화를 하는 가운데 웃고 울며 은혜를 받았습니다.

이 분은 은혜를 많이 받은 분입니다. 이전에 하던 사업은 완전히 실패하고 가정도 깨어졌으나 예수님이 그에게 찾아오셨습니다. 그는 예수님을 영접하고 세례도 받고 믿음이 좋은 부인을 만나 교회에서 결혼식을 올렸으나 그의 가정생활은 어려웠습니다. 그렇지만 그에게는 주 예수님이 주시는 기쁨과 감사가 있었습니다. 생활은 어려웠지만 두 내외는 1년 동안 열심히 제자반 공부를 해서 연말에는 수료를 했습니다. 하나님이 그에게 축복하셔서 새로운 사업을 주셨습니다. 지난번의 사업과는 비교도 되지 않을 정도의 큰 사업이었습니다. 1년만에 좋은 집도 구입했으며 교회에서 십일조를 제일 많이 하는 것을 목표로 살아가고 있습니다. 그 집사님은 자동차 안에서 이렇게 말했습니다. "목사님, 이제 목사님께서 오시면 장거리 운전은 제가 맡겠습니다." 제가 무리할 필요가 없다고 하자 "아닙니다. 기쁨으로 하겠습니다. 꼭 그렇게 해 주십시오. 제가 기쁘고 축복 받는 일인데요." 이제 장거리 여행은 걱정할 필요가 없게 되었습니다. 운전뿐만 아니라 식사 대접까지 하며 늘 어떻게 하면 더 잘 섬길 수 있을까 생각하며 은혜를 사모했습니다.

무엇이 그 사람을 그렇게 변화시켰습니까? 그것은 그의 마음속에 주 예수 그리스도를 모셨기 때문입니다. 그의 마음이 기쁘고 즐거운 것은 그가 주 안에서 발견한 보화를 소유했기 때문입니다.

진주를 찾아다니다가 드디어 값진 진주를 발견하고 그의 모든 재산을 다 팔아 자기 소유로 삼았을 때의 그 기쁨을 어디에 비교할 수 있겠습니까?

천국의 가치를 아는 성도 역시 항상 기쁨과 만족함을 가지고 살아갑니다. 이 기쁨은 다른 사람은 알 수 없습니다. 이 기쁨은 소유한 사람만이 아는 기쁨입니다. 주 예수 그리스도를 위한 봉사에는 남들이 알지 못하는 기쁨과 만족이 있습니다. 교회를 위한 일에는 기쁨과 만족이 있습니다.

어떤 부인이 남편에게 귀한 보석을 선물로 받았습니다. 그것이 너무 귀하고 아까워서 자기만이 아는 옷장 속 깊은 곳에 꼭꼭 숨겨두고, 그와 비슷한 모조품을 늘 지니고 다녔습니다. 그리고 집에 들어와서는 혼자서 그 진짜 보석을 보면서 기뻐하고 즐거워 했습니다.

믿음의 사람 다윗은 "여호와는 나의 목자시니 내가 부족함이 없으리로다"(시편 23:1)라고 기뻐하며 만족했습니다.

사도 바울은 "자기 아들을 아끼지 아니하시고 우리 모든 사람을 위하여 내어 주신 이가 어찌 그 아들과 함께 모든 것을 우리에게 은사로 주지 아니하시겠느뇨"(로마서 8:32)라고 그리스도 안에서 소유한 기쁨과 만족을 고백했습니다. 그리고

"주 안에서 항상 기뻐하라 내가 다시 말하노니 기뻐하라"(빌립보서 4:4), "아무것도 염려하지 말고 오직 모든 일에 기도와 간구로 너희 구할 것을 감사함으로 하나님께 아뢰라 그리하면 모든 지각에 뛰어난 하나님의 평강이 그리스도 예수 안에서 너희 마음과 생각을 지키시리라"(빌립보서 4:6-7)고 고백했습니다.

성도 여러분, 우리는 영원한 진주요 보화가 되시는 주 예수 그리스도가 주시는 기쁨과 만족을 얻고, 주의 교회를 섬기는 진정한 기쁨과 만족을 누리며 살아가는 성도가 됩시다.

2) 진주를 가진 자는 신분이 바뀌었습니다.

보석 때문에 그 신분이 바뀌었습니다. 귀한 국보급 문화재를 발견한 사람은 대단한 사람으로 대우를 받습니다. 제가 아는 분은 백제 시대의 도자기와 기와를 집에 소장하고 있어서 학교에서 교수로 초빙받아 상당한 대우를 받고 있는 것을 보았습니다. 그 이유는 그가 소유하고 있는 것을 보화로 알기 때문입니다.

성도 여러분, 우리는 세상의 그 무엇과도 바꿀 수 없는 귀한 진주를 발견한 사람들입니다.

이제 우리의 신분은 바뀌었습니다. 성경은 말씀합니다. "영접하는 자 곧 그 이름을 믿는 자들에게는 하나님의 자녀가 되는 권세를 주셨으니"(요한복음 1:12). 우리는 하나님의 자녀 된 신분을 가졌습니다.

성도 여러분, 우리는 천지를 창조하신 하나님의 자녀들입니다.

바울은 고백합니다. "오직 우리의 시민권은 하늘에 있는지라 거기로서 구원하는 자 곧 주 예수 그리스도를 기다리노니"(빌립보서 3:20). 우리는 영원한 하늘나라의 시민권을 가졌습니다.

3) 이 귀한 진주를 가진 성도는 기회를 놓치지 않아야 합니다.

그가 진주를 발견했을 때 그의 일생에 단 한번뿐인 기회를 놓치지 않고 다른 사람에게 빼앗기지 않으려고 재산을 다 팔아서 진주를 샀습니다. 그는 자기에게 주어진 그 기회를 놓치지 않았습니다.

주 예수 그리스도를 발견한 사람은 기회를 놓치지 말아야 합니다. 기회가 주어졌을 때 진주를 사야합니다. 뒤로 늦추면 안됩니다. 진주 장수가 나중에 돈을 더 벌어서 진주를 사려고 했다면 그는 다른 사람에게 빼앗길 수도 있었을 것입니다. 그는 즉시 샀습니다. 절호의 기회를 놓치지 않았습니다.

이 자리에 앉아있는 우리 성도들은 이미 주 예수 그리스도를 영접한 사람들입니다. 우리는 주 예수님이 얼마나 귀한 분임을 알고, 천국과 영생이 얼마나 큰 축복인가를 알고 믿고 살아가는 성도들입니다.

많은 성도들이 예수님을 만나기 전에는 미신을 섬기고 절에 다니며 점도 치고 우상을 섬겼습니다. 그러나 예수님을 믿고 난 다음에는 이구동성으로 말합니다. "왜 내가 진작 예수님을 몰랐던가? 좀 더 일찍 예수님을 발견했더라면 더 좋았을 텐데."

전무후무한 지혜와 부귀의 왕 솔로몬은 고백합니다. "헛되고 헛되며 헛되고 헛되니 모든 것이 헛되도다. 마치 바람을 잡으려 함과 같도다"(전도서 1:2).

우리 인생의 참 행복은 어디에 있습니까? 우리 인생의 참된 만족은 어디에 있습니까? 오직 주 예수 그리스도 안에 있습니다.

F.R. Havergal은 이 세상에서 '가장 소중한 분은 예수님'이라고 했습니다. 우리 주 예수님은 우리에게 생명을 주셨습

니다. 그리고 호흡을 하게 하셨습니다. 그리고 귀한 보혈로 우리의 죄를 용서해 주셨고, 우리에게 영원한 하늘 나라에 대한 소망을 주셨습니다. 이 예수님을 의지하지 않고는 이 세상을 헤쳐 나갈 수가 없습니다.

그래서 그는 이렇게 찬송했습니다. 찬송가 415장 1절입니다.

"주 없이 살 수 없네 죄인의 구주여
그 귀한 보배 피로 날 구속하시니
구주의 사랑으로 흘리신 보혈이
내 소망 나의 위로 내 영광됩니다"

사랑하는 성도 여러분!
주님을 아는 성도는 지체할 수 없습니다. 주님의 은혜를 아는 성도는 연기해서도 안됩니다. 천국의 보화를 아는 성도는 미루지 않습니다.

성도 여러분, 우리는 이 아름답고 귀중한 진주를 소유한 사람들입니다. 주 예수 그리스도를 소유한 사람들입니다. 우리는 천국과 영생을 소유한 사람이요, 우리에게는 이 세상 사람들이 알지 못하는 기쁨과 만족을 누리고 소망가운데 살아가는 하나님의 자녀요 천국의 백성들입니다.

우리는 이 보화를 가진 자로 살아가고 있습니까? 이 기쁨과 만족을 누리며 살아가고 있습니까?

우리에게도 결단이 필요합니다. 이제 옛 사람을 버려야 합니다. 세상의 것을 버려야 합니다. 망령된 것을 버려야 합니다. 주 예수 그리스도를 소유하기 위해 세상의 물질도 버릴 줄 알아야 합니다. 주 예수 그리스도를 위해 십자가도 질 줄 알아야 합니다. 주 예수님이 세우신 교회를 위해 수고하며 헌신할 줄 알아야 합니다.

그리고 우리 주위에 아직도 가장 귀한 진주되신 주 예수 그리스도를 모르는 많은 사람들에게 주 예수님을 전해 주어야 합니다. 주 예수 안에서 우리가 기쁨을 나누어야 합니다. 그들에게도 주님이 주시는 만족을 전해 주어야 합니다. 주 예수 그리스도만이 우리의 생명이요 보화요 소망이십니다. 주 예수 그리스도 안에 모든 은혜와 축복이 있습니다. 아멘.

천국과 그물 비유

⁴⁷또 천국은 마치 바다에 치고 각종 물고기를 모으는 그물과 같으니 ⁴⁸그물에 가득하매 물가로 끌어내고 앉아서 좋은 것은 그릇에 담고 못된 것은 내어버리느니라 ⁴⁹세상 끝에도 이러하리라 천사들이 와서 의인 중에서 악인을 갈라내어 ⁵⁰풀무 불에 던져 넣으리니 거기서 울며 이를 갈음이 있으리라

(마태복음 13:47-50)

천국과 그물 비유

바다에서 물고기를 잡는 방법은 흔히 두 가지를 사용합니다. 낚시와 그물입니다. 갈릴리 호수에서 물고기를 잡는 방법도 역시 두 가지입니다. 하나는 투망식이요 다른 하나는 후리질입니다. 즉, 두 배가 그물을 넓게 쳐서 끌어가서 그물 속에 들어온 물고기를 잡아 올리는 방법입니다. 그물에 끌려 온 물고기 중에 쓸모 없는 것은 버리고 좋은 것은 거둡니다.

오늘 예수님은 물고기를 잡는데 전문가인 그의 제자들을 향해서 천국은 마치 물고기를 잡는 그물과 같다고 말씀하십니다. "또 천국은 마치 바다에 치고 각종 물고기를 모는 그물과 같으니 그물에 가득하매 물가로 끌어내고 앉아서 좋은 것은 그릇에 담고 못된 것은 내어버리느니라"(마태복음 13:47-48). 예수님께서 천국에 대해서 물고기 잡는 그물 비유로 말씀하시자 제자들은 잘 이해할 수 있었습니다.

그물 비유는 가라지 비유와 유사점이 있습니다. 가라지는 쓸모 없는 것입니다. 추수 때까지 자라게 두었다가 마지막 때 알곡과 가라지를 구별하여 알곡은 곳간에 가라지는 불 속에 던져서 태워 버립니다. 그물 비유에서도 마지막 때 좋은 물고기와 나쁜 물고기들은 구별하여 심판하십니다. 알곡과 가라지도 함께 자라고, 좋은 물고기와 좋지 않은 물고기도 한 그물 속에 있습니다.

차이점은 가라지는 가만히 있어도 자연적으로 본색을 드러내는 반면, 그물 비유에서는 물 밖으로 끌어올린 후에 구별합니다. 가라지 비유는 소극적인 반면 그물 비유는 적극적입니다. 이 그물 비유는 천국을 가르쳐 줍니다. 성경은 증거 합니다. "세상 끝에도 이러하리라 천사들이 와서 의인 중에서 악인을 갈라내어 풀무 불에 던져 넣으리니 거기서 울며 이를 갊이 있으리라"(마태복음 13:49-50).

예수님은 이 그물 비유를 통해서 세상 마지막 때에 어떤 일이 있을 것이라는 종말론적 비유를 암시하고 있습니다.

1. 천국의 현재성

이 그물 비유에서 우리는 천국의 현재성을 발견할 수 있습니다.

1) 지상교회의 혼합성

그물 속에 여러 종류의 물고기가 잡혀 들어왔습니다. 큰 물고기, 작은 물고기, 좋은 물고기, 나쁜 물고기가 다 들어있습니다. 이것은 오늘날 지상 교회의 성분을 잘 보여주고 있습니다. 교회는 거룩한 곳입니다. 그러나 완전한 거룩은 가지지 못합니다. 왜냐하면 좋은 물고기와 나쁜 물고기가 혼합되어 섞여 있기 때문입니다.

예수님의 제자 중에도 가룟 유다와 같은 나쁜 요소가 들어 있었습니다. 광야 40년 생활 가운데 항상 문제를 일으키는 사람들이 있었습니다. 그들이 바로 출애굽할 때에 함께 따라나와 섞여 살던 잡족들이었습니다. 거룩한 공동체 안에서도 사사건건 시비하고 문제를 일으켰습니다. 고라의 무리도 있었습니다. 어려운 일이 발생할 때에 트집을 잡고 원망하고 불평하며, 시끄럽게 대적하고 데모하는 비신앙적인 일을 감행했습니다. 가데스 바네아에서 모세가 정탐하러 보냈던 이스라엘의 12정탐군이 돌아와서 보고했습니다. 그런데 10명의 정탐군들의 보고를 듣고 전 백성을 선동하여 모세와 아론에게 대항하며 애굽으로 돌아가자고 밤새도록 달려들었습니다. 결국 그들은 하나님의 진노를 받아 가나안에 들어가지도 못하고 광야에서 40년 간 방황하다가 죽고 말았습니다. 이 사건들은 하나님이 선택한 거룩한 백성의 공동체인 이스라엘 백성들, 즉 이스라엘의 교회 안에서 일어난 일들입니다.

그렇다고 해서 무조건 이 사람은 좋은 사람, 저 사람은 나쁜 사람, 또는 이 사람은 알곡, 저 사람은 가라지라고 판단하거나 구별해서는 안됩니다. 어느 것이 진짜인지 가짜인지 어떻게 알 수 있겠습니까? 그것은 마지막에 가봐야 알 수 있습니다. 오직 하나님만이 아십니다. 그러므로 너무 쉽게 함부로 판단해서는 안됩니다.

어떤 사람은 교회에 나오기는 나오는데 출석보다 결석이 더 많습니다. 그러므로 '저 사람은 가짜다, 나쁜 물고기다.' 이렇게 단정하지 못합니다. 어떤 사람은 교회에 출석하면서도 아직도 세상적인 것을 너무 좋아합니다. 술도 좋아하고 담배도 좋아하고 세상을 즐기면서 살아갑니다. 그것을 보고 저 사람은 영락없이 좋은 물고기가 아닌 나쁜 물고기라고 낙인 찍을 수는 없습니다. 그러나 비록 주초를 끊지 못하지만 교회에 나와서 하나님께 믿음을 달라고 기도하며, 은혜를 사모하고 하나님의 도우심을 구하는 것은 귀한 일임에 틀림없습니다. 그렇다 해서 술 담배를 예찬하는 것은 아닙니다. 교회는 거룩한 공동체요, 우리 성도들 역시 거룩한 하나님의 백성들입니다. 따라서 우리는 우리의 몸을 거룩하게 지켜야 하고 보호해야 할 의무가 있습니다.

신학자 오리겐(Origen)은 '교회는 영혼의 병원'이라고 했습니다. 교회는 스스로 치유할 수 없는 불치병의 사람들, 즉 죄인들의 모임입니다.

어떤 사람이 스펄전 목사님을 찾아와서 이렇게 말했습니다. "순결한 교회를 찾아주면 나가겠다." 목사님은 대답했습니다. "제가 목회하고 있는 교회도 순결한지 잘 모르겠습니다. 제가 섬기는 교회도 거룩한 자와 참된 신자도 있는 반면 가룟 유다와 같은 사람이 있을지 모릅니다. 당신이 원하는 교회는 되지 못할 것입니다." 그리고 경고했습니다. "형제가 형제의 요구대로 순결한 교회를 만났다고 해도 거기에 당신이 참가하면 그 교회는 더러워질 것입니다." 이 말의 뜻은 "당신도 죄인이므로 당신이 거룩한 교회에 가면 당신 때문에 그 교회가 더러워질 것이다."라는 말입니다.

지상 교회는 절대로 완전한 거룩을 소유하지 못합니다. 그러나 교회는 거룩해야 합니다. 순결하도록 노력하고 경계해야 합니다.

처음에 우리 한국에 들어온 선교사들은 성결과 거룩한 생활을 강조했습니다. 그래서 그들은 한국의 모든 상황을 점검해 본 결과, '이것만은 금지해야 신앙생활에 도움이 되고, 한국 사회에 교회가 소금과 빛된 생활을 할 수 있을 것'이라고 결정하여 몇 가지를 금지시켰습니다. 첫 번째가 우상 숭배입니다. 이것은 타협할 것이 못됩니다. 십계명의 첫 번째와 두 번째 계명에 해당됩니다. 하나님은 오직 한 분이십니다. 그러므로 하나님만을 섬겨야 합니다. 죽은 사람보다 살아 계신 부모를 더욱 더 공경하라고 가르쳤습니다. 따라서 조상 숭배, 굿, 점치는 것을 금지했습니다. 반면 로마 카톨릭 천주교는 제사 지내는 것을 허용했습니다. 이것은 유교와 타협한 것입니다. 그렇게 해야 포교활동이 잘 이루어질 것으로 생각했을 것입니다. 이것은 비성경적입니다. 하나님의 말씀과 위배되기 때문입니다. 그러나 개신교는 처음부터 성경말씀대로 바르게 가르쳤습니다. 그 결과 세상과 타협한 천주교보다 말씀 중심의 개신교가 더욱 더 부흥되고 빠른 속도로 성장하게 되었습니다. 그리고 선교사들은 주초를 금지했습니다. 술과 담배는 백해무익한 것으로 인정하여 금지시켰습니다. 왜냐하면 우리는 구별된 백성들이기 때문입니다.

성도 여러분, 생명은 자라게 마련입니다. 그런데 중요한 것은 바르게 자라는 것입니다. 우리는 가라지가 아닌 알곡으로 자라야 합니다. 나쁜 물고기가 아닌 좋은 물고기로 자라야 합니다. 세속에 찌든 성도가 아닌 거룩한 하나님의 백성으로 자라야 합니다. 이 지상 교회는 각종 물고기가 다 모인 그물과 같습니다. 여러 종류의 다양한 성도가 있습니다.

누가 진짜인지 누가 가짜인지를 알 수 없습니다. 그러므로 우리는 거룩한 삶을 살아야 합니다. 좋은 알곡으로 자라야 하고 좋은 물고기로 자라야 합니다.

2) 진짜와 가짜를 구별할 수 있습니까?

① 하나님을 향하여 악한 마음을 품은 자는 악인이요 가짜입니다.

이 사람은 한 달란트 받은 사람과 같습니다. 주인의 일을 하면서 자기의 유익만을 챙기고 주인의 유익을 생각하지 않는 사람입니다. 하나님께 충성한다고 하면서 실상은 자기의 유익을 추구하는 사람입니다. 충성은 한 마음을 가지는 것입니다. 두 마음을 품는 것은 충성이 아닙니다.

우선 순위가 무엇입니까? 최고의 목적이 무엇입니까? 주님은 말씀하셨습니다. "너희는 먼저 그의 나라와 그의 의를 구하라 그리하면 이 모든 것을 너희에게 더하시리라"(마태복음 6:33), "나와 같이 모든 일에 모든 사람을 기쁘게 하여 나의 유익을 구치 아니하고 많은 사람의 유익을 구하여 저희로 구원을 얻게 하라"(고전 10:33). 그러므로 하나님을 향하여 악한 마음을 품은 자는 가짜입니다. 좋은 물고기가 아니라 나쁜 물고기가 됩니다. 알곡이 아니라 가라지가 되는 것입니다.

② 사랑이 없는 자입니다.

이 사람은 자기가 주인에게 빚진 1만 달란트라는 엄청난 빚을 탕감받았음에도 불구하고 자기에게 1백 데나리온이라는 아주 적은 빚을 진 사람을 용서해 주지 않고 감옥에 넣어버린 사람과 같습니다. 이런 사람은 이기주의자입니다. 자신에게만 관심이 있고 이웃에 대하여는 전혀 무관심한 사람입니다. 교회와 사회에 대해서는 전혀 관심이 없는 사람입니다. 자기 외에는 도저히 사랑과 자비를 베풀지도 않고 봉사하려는 마음조차 없는 사람입니다. 이런 사람은 무자비하고 몰인정한 사람입니다.

③ 거짓선지자, 이단자입니다.

성경은 말씀합니다. "거짓 선지자들을 삼가라 양의 옷을 입고 너희에게 나아오나 속에는 노략질하는 이리라"(마태복음 7:15), "그 때에 내가 저희에게 밝히 말하되 내가 너희를 도무지 알지 못하니 불법을 행하는 자들아 내게서 떠나가라 하리라"(마태복음 7:23).

세상 사람들이 법을 지키지 않는다면 어떻게 되겠습니까? 힘 센 사람들이 무조건 남의 것을 다 강탈해 버리면 이 세상이 어떻게 되겠습니까? 교통 신호를 무시하고 마구 차가 달린다면 어떤 일이 벌어지겠습니까? 횡단보도를 두고 아무데서나 자기 마음대로 길을 건넌다면 어찌되겠습니까? 국민이 세금을 납부하지 않는다면 나라 살림이 어떻게 되겠습니까? 마찬가지로 하나님의 백성은 신앙의 법을 잘 지켜야 참 신자라 할 수 있습니다. 성경은 하나님의 법입니다. 그런데 성경을 부인하고, 거짓으로 가르치고, 그리스도를 부인하고 성경의 법을 무시한다면 이것은 이단입니다. 거짓 선지자입니다. 바로 가짜입니다.

④ 화 받을 자, 지옥 갈 자입니다.

성경은 말씀합니다. "때에 많은 사람이 시험에 빠져 서로 잡아 주고 서로 미워하겠으며"(마태복음 24:10). 배교자요 배신자입니다. 주님을 배신하는 사람은 가짜입니다. 교회를 배신하고 교회를 대항하고 욕하고 핍박하는 자입니다. 사실 교회 안에 있는 다양한 모든 사람은 다 약한 자들입니다. 그러므로 가장 중요한 것은 우리 자신과 하나님과의 올바른 관계를 맺는 것입니다. 교회 안에는 완전한 사람이 없습니다. 따라서 사람만 보면 실망하기 쉽습니다. 목사도 장로도 집사도 권사도, 신앙생활을 오래 한 사람들도 다 연약한 인간들입니다. 그러므로 실망할 수 있습니다.

그러므로 우리는 기억해야 합니다. 교회 안의 모든 사람들은 완전한 성자가 아니라 지금도 변화되는 사람들입니다. 즉 성화의 과정을 걸어가고 있는 사람들입니다. 그러므로 지금의 모습만 보면 실망합니다. 우리는 사람을 보지말고 오직 주 예수 그리스도를 바라보아야 합니다. 또한 우리는 자신을 항상 살피고 경계해야 합니다.

'나는 혹시 가짜와 비슷한 모습을 가지고 있지 않는가?' '하나님을 향하여 악한 마음을 품고 있지는 않는가?' '사랑이 없는 사람은 아닌가?' '거짓 선지자의 길에 서 있지는 않는가?' '배신자의 길에 있지는 않는가?'

성도 여러분, 이 지상 교회는 완전한 성결은 없습니다. 많은 종류의 사람들이 다양하게 섞여서 살아가고 있습니다. 또한 우리는 연약하고 부족한 존재들입니다. 그러나 우리는 하나님의 거룩한 백성들로서 거룩한 삶을 살아가야만 합니다. 그러므로 날마다 우리의 삶 속에서 사람을 보지말고 오직 주 예수 그리스도만을 바라보아야 합니다. 많은 영혼들을 주님 앞으로 인도하여 참 신자들로 가득한 교회가 되고, 지상에서 천국이 이루어지도록 기도하고 소망하며 애쓰는 성도가 됩시다.

2. 심판의 때가 다가오고 있습니다.

예수님께서 하나님의 나라를 그물 비유로 말씀하신 것은 세상 마지막에 심판의 시기가 다가오고 있음을 가르쳐 줍니다. 성경은 말씀합니다. "세상 끝에도 이러하리라 천사들이 와서 의인 중에서 악인을 갈라내어 풀무 불에 던져 넣으리니 거기서 울며 이를 갊이 있으리라"(마태복음 13:49-50).

그물을 바다에 던졌을 때 그 안에는 여러 종류의 물고기들이 들어와서 헤엄치며 놀고 있습니다. 그러나 마냥 그대로 놓아두지 않습니다. 서서히 그물은 당겨지고 물고기는 위로 올라오게 됩니다. 그물 속에 있던 물고기들은 이제 마지막을 맞이하게 됩니다. 우리 주 예수님의 재림도 점점 더 다가오고 있습니다. 세상 사람들이 자기 마음대로 멋대로 하도록 내버려두지 않고 이미 심판은 시작되었습니다.

마태복음 25장에 열 처녀 비유가 나옵니다. 열 처녀가 신랑을 맞으러 나갔습니다. 신랑이 속히 오지 않자 기다리던 처녀들은 모두가 다 졸음을 이기지 못해 졸고 있었습니다. 그러나 신랑이 오지 않는 것이 아닙니다. 다만 조금 늦게 오는 것뿐입니다. 기다리던 사람들의 생각에 비해 좀 더디 올 뿐입니다. 그런데 신랑이 오지 않을 줄로 알고 기름을 넉넉하게 준비하지 못했던 미련한 다섯 처녀들은 정작 신랑이 도착했을 때에 영접하지 못했습니다. 지혜로운 다섯 처녀들은 비록 늦어도 신랑이 분명 올 줄로 믿고 기름 준비를 넉넉히 했다가 신랑을 맞이했습니다.

지금 이 세상은 이미 심판의 그물은 내려졌고, 이제는 그물을 끌어당기고 있습니다. 마치 바다 속의 그물 안에 들어온 물고기들이 자기들의 때가 얼마 남지 않아 곧 그물이 육지로 들려나갈 것이라는 것을 모른 채 헤엄지며 노는 것과 같습니다.

오늘날 많은 사람들이 마음껏 향락을 즐기고 쾌락을 추구합니다. 교만하게 굴고 불법을 일삼으며 살아가고 있습니다. 그러나 점점 더 세상의 마지막 심판의 때가 다가오고 있음을 알아야 합니다. 이미 그물은 던져졌고 그 범위는 점점 더 좁혀지고 있습니다. 하나님의 심판대 앞에 설 날이 점점 더 다가오고 있습니다. 그때는 분명히 드러나게 될 것입니다. 확실한 구별과 판단이 있을 것입니다. 하나님의 심판은 결코 호리라도 실수나 오판이 없으시고 정확하고 무오합니다.

세상 사람들은 종종 판단을 잘못해서 속기도 하고 실수도 합니다. 교회도 실수할 수 있습니다. 일꾼을 잘못 세워서 교회에 덕이 되지 못하고, 교회가 그 일꾼 때문에 어려움을 당하기도 합니다. 이것은 사람이 완전하지 못하기 때문에 구별을 바로 하지 못한 실수의 결과로 온 것입니다. 그러나 우리 주님은 정확하게 분별하실 것입니다. 주님은 '진짜냐? 가짜냐?', '알곡이냐? 가라지냐?', '좋은 물고기냐? 나쁜 물고기냐?'를 정확하게 분별하여 심판하실 것입니다. 길가 밭, 돌짝 밭, 가시 밭, 옥토 밭 중에서 어느 것이 좋은 밭인지 우리 주님은 정확하게 구별하십니다.

그러면 왜 빨리 심판하지 않으십니까? 그것은 우리 주님은 지금 그물 속에 물고기가 다 찰 때까지 기다리고 계시기 때문입니다. 점점 더 그물이 조여오고 있습니다. 그리고 모든 사람들 앞에 물고기가 드러나게 됩니다. 마침내 하나님의 심판대 앞에 우리의 모습이 그대로 다 드러나게 됩니다.

심판대 앞에 설 때의 우리의 모습은 어떠하겠습니까? 마지막 심판대 앞에는 오른 쪽에 양이 있고 왼쪽에는 염소가 있습니다. 마지막 심판대 앞에는 알곡과 가라지가 구별될 것입니다. 마지막 심판대 앞에는 영원한 상급과 영원한 저주가 가려질 것입니다. 사람의 눈에는 가리워지고 잘못 판단되어도 하나님 앞에서는 분명히 드러나게 될 것입니다. 사람들 보기에는 좋은 물고기로 보여질지 몰라도 하나님 앞에서는 나쁜 물고기일 수 있습니다. 사람들 보기에는 알곡처럼 보여질지 몰라도 하나님 앞에서는 가라지일 수 있습니다. 사람들 보기에는 좋은 나무처럼 보여질지 몰라도 하나님 앞에서는 나쁜 나무일 수 있습니다. 하나님 앞에서는 모든 것이 다 드러날 수밖에 없습니다. 가리워진 것이 다 드러나고 본색이 적나라하게 밝혀질 것입니다. 이미 심판은 시작되었습니다. 우리 모두는 다 그물 속에 들어있는 존재들입니다. 시한부 인생들입니다.

성도 여러분, 우리는 영의 눈을 떠서 우리가 주님 앞에 서는 그 순간이 다가오고 있음을 볼 수 있어야 합니다. 우리는 영의 귀를 열어 주님의 재림을 대비하라는 말씀에 귀를 기울여야 합니다.

우리는 날마다 우리 마음의 밭을 말씀으로 경작하고 개간하여 많은 열매를 맺도록 합시다. 우리 주님의 심판대 앞에 서게 될 때 '잘 하였도다. 착하고 충성된 종아' 라는 칭찬을 받는 성도의 삶을 살아갑시다.

3. 미래의 천국

마지막 심판 때에는 완전히 구별됩니다. 그때는 의인과 악인의 완전한 구별이 이루어집니다. 이것은 영원한 구별입니다. 그물을 올려서 좋은 물고기는 담고, 나쁜 물고기들은 버립니다. 이것은 마지막 심판 때를 보여줍니다.

1) 마지막 때 천사가 악인을 의인 중에서 골라내어서 풀무 불에 던져버릴 것입니다.

성경은 말씀합니다. "세상 끝에도 이러하리라 천사들이 와서 의인 중에서 악인을 갈라내어 풀무 불에 던져 넣으리니 거기서 울며 이를 갊이 있으리라"(마태복음 13:49-50).

의인 중에서 악인을 갈라낸다는 말은 지금 악인은 의인들과 함께 살고 있다는 말입니다. 의인이 모이는 교회에서 의인의 흉내를 내고 있지만 마지막 날에는 가려진다는 뜻입니다. 진짜 속에 가짜가 섞여 살고 있다는 말이 아니겠습니까?

또한 풀무불은 지옥의 뜨거운 불을 상징합니다. 그런데 그곳은 어떤 상태입니까? 성경은 말씀합니다. "풀무 불에 던져 넣으리니 거기서 울며 이를 갊이 있으리라"(마태복음 13:50). 이것이 악인들의 최후의 상태입니다.

존 번연이 꿈에 지옥 구경을 갔습니다. 지옥에는 수많은 무신론자들이 고통 중에 있었다고 합니다. 그런데 그 중에 한 명이 존 번연의 이름을 불렀습니다. 처음에는 몰라보았는데 나중에 보니 자기의 옛 친구였습니다. 그래서 "네 음성이 어떻게 그렇게 변했는가?" 하고 물었습니다. 그러자 그 친구는 "여기에 와서 전에 알지 못했던 하나님의 존재를 알았는데 그러니만큼 내 음성도 변했다."고 대답했습니다. '네가 불에 타고 있는데 어찌하여 불빛이 없는가?' 하고 물었더니 "지옥불은 세상의 불과 다르다. 이 불은 뜨겁기는 하지만 빛은 없으며, 붙기만 하고 사위지는 않는다. 영혼까지도 태우는 불이다. 이것은 세상의 불이 가지지 못하는 성질이다." 하고 대답했습니다.

존 밀턴의 실락원에는 지옥에 간 영혼들이 뜨거운 불구덩이에서 고생하는 것을 기록했습니다. 한 사람이 너무 고통스러워서 이렇게 말을 합니다. "이럴 줄 알았으면 나도 예수를 믿을 것을." 이때 사탄이 "이놈아 울지 말아라. 이를 갈아라. 네가 눈물을 흘리면 하나님이 기뻐한다." 하고 호통을 쳤습니다. 이를 가는 것이 지옥의 모습입니다. 지옥은 후회하며 눈물을 흘리고 참회하는 것이 아니라 이를 갈며 원망하는 곳입니다.

지옥은 예수 그리스도가 없는 곳입니다. 그리스도의 사랑이 없는 곳입니다. 그곳은 이를 갈며 우는 곳입니다. 그런데 이 상태가 영원히 계속됩니다. 이것이 더 고통스럽습니다. 그곳은 위로도 없고, 해결방법도 없습니다.

누가복음 16장에 부자가 지옥에 가서 너무 고통스러워 호소하는 장면이 나옵니다. 그는 세상에 있을 때에 호화로이 살며 좋은 옷을 입고 날마다 쾌락을 즐기며 살았습니다. 그런데 지옥에서 과거를 잊지 못하니 더 고통스럽습니다. 옛날에 세상에서 잘 살았던 것을 생각하니 더욱 더 고통스러운 것입니다.

우리가 과거를 잊는다는 것은 축복입니다. 우리가 기억하기도 싫은 과거를 늘 생각하고 잊어버리지 못한다면 어떻게 되겠습니까? 과거에 범죄했던 기억들, 실수한 기억들, 상처받은 기억들, 슬펐던 기억들을 계속 기억하고 생활한다면 어떻게 되겠습니까? 모두 다 정신병으로 고통받으며 생활은 엉망이 될 것입니다. 우리가 과거의 잘못된 것들을 잊어버렸기 때문에 활기차게 새로운 일들을 하며 살아갈 수 있습니다. 그러므로 우리가 과거를 잊는다는 것은 하나님의 은혜가 아닐 수 없습니다.

지옥은 망각이 없는 곳입니다. 예전의 모든 것들을 기억하면서 영원히 고통받는 곳입니다. 그러면 그곳에는 누가 갑니까? 준비되지 않은 사람이 갑니다. 주 예수 그리스도를 영접하지 못한 자들이 들어가는 곳입니다.

그런데 문제는 아직도 이 세상의 수많은 사람들이 이 사실을 모른다는 데 있습니다. 그들은 천국도 모르고 지옥도 모릅니다. 내세에 어떤 일이 벌어질 것에 대해서 전혀 모릅니다.

그래서 그들은 잠깐 있다가 사라져 버릴 세상의 쾌락을 목표로 살아갑니다. 그러므로 우리는 이 사실을 모르는 사람들에게 예수 그리스도를 전해야 합니다. 복음을 전해야 합니다. 이 운동이 바로 전도 축제입니다. 영원한 생명을 얻게 하고 영원한 삶을 주는 이 일보다 더 귀한 일이 어디에 있겠습니까?

2) 의인은 영원한 천국의 세계로 갑니다.

천국은 완전히 거룩한 교회입니다. 천국은 혼합되지 않는 곳입니다. 좋은 물고기만 담아 낸 곳입니다. 순수한 하나님의 백성들만 있는 곳입니다. 즉 주 예수 그리스도를 구주로 믿는 사람들만 모인 곳입니다. 이들은 자기 죄를 회개한 사람들입니다. 이들은 영원한 천국의 세계에서 사는 사람들입니다.

언제 심판이 있습니까? 주 예수 그리스도의 재림 때에 있습니다. 물고기가 그물에 가득할 때 끌어 올려서 좋은 물고기와 못된 물고기를 구별하듯이 하나님은 물고기가 가득 찰 때를 기다리십니다. 그때는 좋은 물고기와 못된 물고기가 영원히 구별될 것입니다. 그 날은 점점 더 다가오고 있습니다.

3) 그러나 지금 이 세상에서도 하나님은 부분적으로 심판하고 계십니다.

아담과 하와가 범죄했을 때 하나님은 그들을 심판하시고 에덴에서 추방하셨습니다. 노아 시대에는 사람들이 범죄했을 때 대 홍수로 심판하셨습니다. 소돔과 고모라에 악이 가득 찼을 때 유황불로 그 도시를 엎어버리시고 지금의 사해바다로 만드셨습니다. 엘리 대제사장의 가정이 하나님 앞에 범죄했을 때 하나님은 그 가정을 멸망시키셨습니다. 사울 왕이 불순종할 때 하나님은 그와 그 가문을 심판하셨습니다. 아나니아와 삽비라가 범죄했을 때 하나님은 그들을 심판하셨습니다.

이 세상에서도 하나님을 대적하는 자를 심판하십니다. 지금도 하나님께서 주신 사명에 불순종하고 나태한 자들을 주님은 심판하십니다.

1980년 12월 28일, 이태리 메씨나에 큰 지진이 일어나 8만 4천명이 죽음을 당했습니다. 지진이 일어나기 전에 '이태리포라'라는 잡지에 어느 무신론자의 기사가 실렸습니다. "만일 하나님이 계신다면 이 성에 지진이 일어날 것이다."라는 내용입니다. 이 글이 게재된 지 3일만에 큰 지진이 일어났습니다. 하나님이 심판하셨습니다. 로마의 멕시미너스 황제는 기독교인들의 눈을 뽑아버렸습니다. 그런데 결국 자기도 안

질에 걸려 죽고 말았습니다. 하나님의 심판이 이 세상에서도 일어나고 있음을 보여주는 사건입니다. 미국 뉴욕의 어떤 교회에서 성찬식이 있었습니다. 그곳에 동네의 깡패가 참석했습니다. 그런데 그는 성찬 떡을 개에게 던져 주었습니다. 예수 그리스도의 몸을 상징하는 거룩한 떡을 어디에 던진단 말입니까? 이것은 큰 불경죄를 범한 것입니다. 하나님은 그를 심판하셨습니다. 그는 개에게 물려 미친 생활을 하다가 죽고 말았습니다. "하나님은 죽었다."고 소리치던 철학자 니이체 자신도 나중에 미치광이가 되어 죽고 말았습니다. 무신론 철학자요 실존주의자인 까뮈도 자신의 자동차를 타고 가다가 사고로 죽고 말았습니다. 울산 지방의 어느 교회 옆에 예배시간이 되면 예배를 방해하고 설교 시간에 불경을 크게 들으며 훼방을 놓은 사람이 있었습니다. 결국 그 사람은 전신마비가 되어 고생하다가 죽고 말았습니다.

성도 여러분, 하나님은 살아계십니다. 그리고 심판하십니다. 장차 영원한 세상에서 심판하시지만 이 세상에서도 심판하십니다. 우리는 하나님을 알지 못해서 대적하다가 심판받는 불쌍한 영혼들에게 하나님을 소개해 주어야 합니다. 영원한 생명을 가르쳐 주어야 합니다. 영원한 심판을 피하게 해주어야 합니다. 그것은 주 예수 그리스도를 믿게 하는 일입니다.

성도 여러분, 지상교회는 완전히 거룩하지 못합니다. 알곡과 가라지가 함께 자랍니다. 좋은 물고기와 나쁜 물고기가 함께 섞여 있습니다. 그러나 심판의 때가 점점 더 다가오고 있습니다. 이제 그물이 드려지고 있습니다. 모든 것이 다 드러나게 될 때가 오고 있습니다. 이 지상에서 환난과 어려움이 오면 그 본색이 드러납니다.

예수님은 이 천국 비유에 대해 말씀을 하신 후에 "이 모든 것을 깨달았느냐?"고 질문 하셨습니다. 제자들은 "예. 그러하오이다."라고 대답했습니다. 이 대답은 무엇을 의미합니까? '주여 모든 것을 다 믿고 준비하겠나이다.' 라는 고백이 아니겠습니까? '부족하고 연약해도 주님의 말씀만 믿고 깨닫고 준비하겠습니다.' 라는 신앙의 고백입니다.

사랑하는 성도 여러분!
우리는 이미 구원받은 성도들입니다. 그러나 항상 깨어 있어야 합니다. 영의 일을 분별할 줄 알아야 합니다. 마지막 때는 다가오고 있습니다. 우리 모두가 주님 앞에 서게 될 날이 다가오고 있습니다. 마지막 그물을 당겨 올리기 전에 우리는 자신을 준비해야 합니다. 온전하게 우리 자신을 세워야 합니다. 말씀을 그대로 믿고 순종해야 합니다. 그리고 영원한 나라를 소망 삼고 사모해야 합니다. 그리고 이 천국의 보화를 아직도 모르고 있는 우리 주위의 많은 영혼들에게, 이 지구상의 많은 불쌍한 영혼들에게 열심히 전해야 합니다.

깨어서 기도해야 합니다. 열심히 말씀을 배우고 순종해야 합니다. 때를 얻든지 못 얻든지 주 예수 그리스도를 열심히 전해야 합니다. 이것이 주 예수님께서 우리에게 주신 천국 백성의 의무요 특권입니다. 아멘.

천국은 마치…

∎
초판 1쇄 인쇄 / 2003년 4월 15일
초판 1쇄 발행 / 2003년 4월 25일

∎
지은이/배 굉 호
펴낸이/김 수 관
펴낸곳/도서출판 영문
122-070 서울시 은평구 역촌동 10-82
☎ (02) 357-8585
FAX • (02) 382-4411

∎
출판등록번호/제 03-01016호
출판등록일/ 1997. 7. 24

파본은 교환해 드립니다.
본 출판물은 저작권법으로 보호 받는
저작물이므로 출판사나 저자의 허락없이
무단 전재나 무단 복제를 할 수 없습니다.

정가 7,000원
ISBN 89-8487-107-9   03230
Printed in Korea